捨てないレシピ

皮も種も、無駄なく使ってもう1品

小嶋絵美
Emi Kojima

sanctuarybooks

4つの「捨てない」

その1　食材を捨てない

食べ物に感謝し、大切にいただく食文化は日本に古くからあります。普段何気なく捨てている野菜・果物の皮や魚の骨、だしがら、たまごの殻などはちょっとの工夫でまだ食べられたり、活用できたりするものばかり。実は私たちは今まで、捨てる以外の選択肢を知らなかっただけ。それが分かると「なぜ今まで捨てていたのだろう？」と疑問に思うはずです。そして、食材を有効活用できたときに感じる晴れやかさは、「いただきます」と「ごちそうさま」の挨拶を重んじる日本ならではの感性かもしれません。

その2　栄養を捨てない

食材を捨てることは、栄養を捨てることに等しいです。たとえば、野菜・果物の皮にはビタミン、ポリフェノール、食物繊維などが多く含まれます。魚の皮にはコラーゲン、骨にはカルシウムが豊富です。日本人に不足しがちなこれらの栄養素は、私たちの健康を大きくサポートしてくれる存在です。誰もが健やかな暮らしを送りたいと願う一方で、多くの栄養を捨ててしまっている事実は、矛盾しているといえるでしょう。「それぞれの食材が持つ栄養を最大限に摂る」ことを意識してみませんか？

その3　ごみを捨てない

まだ食べられる食品が、世界中で年間13億トンも捨てられています。13億トンのうち、日本での食品ロスは年間約４７２万トン。これは国民ひとりあたり１００ｇ以上の食料を毎日捨てている計算です。食品ロスは企業や飲食店が出すものが半分を占め、残りの半分は家庭から発生しています。企業では、廃棄していたものをたい肥や家畜のエサにしたりする取り組みが増えています。家庭でも、これまで捨てていた部分を食べることでごみを減らせます。誰でも簡単に取り組める社会貢献のひとつです。

その4　お金を捨てない

ここ数年で物価は急激に上昇しました。家計に占める食費の割合も高まっており、食費を少しでも安く抑えられたらと思う方も多いのでは。この本では、食材を余さず使えるレシピを多く紹介しています。たとえば、ブロッコリーの廃棄率は35％ですが、これは１株３００円で買ったら１０５円以上を捨てる計算です。茎などを食べれば廃棄率は４％、廃棄金額は12円まで下げられます。その差額は93円で、決して小さくない数字です。食事は毎日のことですから、このような積み重ねで年間数万円もの節約も期待できます！

はじめに

この本を手に取っていただき、ありがとうございます。管理栄養士の小嶋絵美です。

あなたは、この本のタイトル『捨てないレシピ』を見たとき、どう感じましたか。

私は、編集者さんからこのテーマを提案されたとき、衝撃を受けました。

「手放す」「執着しない」、そんな軽やかな生き方が支持を集めている世の中です。

そのような状況下、逆行するような「捨てない」というワードは、何かとてつもないパワーを秘めていると直感しました。

誤解のないよう先にお伝えすると、ここでいう「捨てない」とは、執着したり固執したりするということではありません。「捨てる」以外の選択肢に気づき、「ただなんとなく捨ててきた」これまでの習慣を手放していく、そんな前向きな想いが込められています。

そもそもなぜ、野菜や果物の皮、魚の骨、だしがらなどを捨てているのかを考えてみたことはあるでしょうか。食べにくいから？　苦いから？　誰かに捨てると教わったから？　それともただ、なんとなく……？　この本を制作するにあたって、まずは私自身がこれらの問題と向き合うことになり、そしてはっきりとした答えを持ち合わせていないことに気づきました。

何百回もの試作を重ねた今、分かったことがあります。

毒さえなければ、少しの工夫で皮も葉も種も骨も食べられる、そして何よりも想像以上においしいということです。ただ、そのことを知らなかった、それだけなのです。

「捨てない」ほうが、食材を無駄なく使える、食事の栄養価がアップする、ごみが減って節約にもなる、環境にだってやさしい。自分だけでなく、世の中にとってもよろこばしいことばかりです。また、これは私自身も新たな発見だったのですが、食材を余さずに使えると明るく前向きな気持ちになれます。「無駄なく使えた」「ごみを減らせた」「捨てるはずだった部分でもう1品作れた」、そんなささいな積み重ねが、幸福感につながるのです。

「捨てない」習慣は、難しく考える必要も、特別な心構えも必要ありません。

この本を通じて読者のみなさんにも、「野菜まるごと使い切れた！」「種ってこんなにおいしいの！」とたくさんの発見をしていただけたらと思います。そして私が味わった感動を分かち合えたら、とてもうれしいです。

『捨てないレシピ』が多くの人の健康や幸せにつながることを願っています。

野菜

捨てないレシピ　目次

果物

捨てないレシピ　目次

この本を読む前に

◇「廃棄率」は、文部科学省「日本食品標準成分表 増補2023年版」第2章から引用しています。「本書独自の廃棄率」は、各食材の計量を実際に行い計算したもので、小数点第2位を四捨五入した数値です。食材には個体差があるので目安としてください。

◇大さじ1＝15cc、小さじ1＝5ccです。しょうがについては1片＝20gとしています。

◇特に表記のないものは作りやすい分量になっています。

◇材料に「適量」と表記がある場合は、お好みに応じて分量を調整してください。

◇調理時間はお使いの機種により変わりますので、環境に応じて調整してください。

◇料理の完成イメージイラストの分量と、材料表の分量は異なる場合があります。

◇日本国内で流通している食材は、厳しい農薬残留基準をクリアしています。ただし、いちごやたまねぎなどの一部の作物では、農薬検査の対象部位が「ヘタや皮を除いた実や根のみ」とされる場合があります。安心してお召しあがりいただくためにも、皮や種を使用する際は十分に洗浄し、必要に応じて加熱調理を行うことをおすすめします。また安全性が気になる場合は、有機栽培や農薬を極力使用していない食材を選ぶと安心です。

捨てないレシピ

野菜

野菜

01

たまねぎ

廃棄率
6%
2.7%
※茎と根のみ廃棄

皮には抗酸化作用のあるポリフェノールが多い

たまねぎは幅広い料理に使えるうえに日持ちがよいため、常備野菜として親しまれています。毎日のように使っているご家庭も多いのではないでしょうか。たまねぎの廃棄率は、その多くを皮部分が占めます。皮にはやや苦味がありますが、この正体はポリフェノールの一種であるケルセチンで、白い実よりも皮に多く含まれています。ケルセチンには、老化や生活習慣病のもととなる活性酸素を抑える抗酸化作用があるので、捨ててしまうのはもったいない！　よく使う食材だからこそ、まるごと使えたらうれしいですよね。

たまねぎパウダーは手作りできる

皮の持つパワーは食品業界でも注目され、アップサイクルや食用商品としての開発が進められていますが、自宅でも簡単にできる活用方法としては、たまねぎの皮のパウダー化がおすすめです。皮を加熱乾燥させて粉末状にしたもので、皮の栄養素を手軽に摂ることができます。本書で紹介しているレシピのほかにもオムライスや炊き込みごはんに混ぜたり、スープやフライドポテトにふりかけたりと使い方は無限大です。味にもほとんど影響がありません。パウダーの粒子の大きさにもよりますが、たまねぎパウダー大さじ1で1個分の皮の栄養素を摂取できます。

たまねぎパウダー

皮をオーブンで加熱乾燥させ、ミルサーにかけるだけ。毎日の料理にふりかけるだけで手軽にポリフェノールの補給ができます。ミキサー等でも細かくできますが、よりパウダー状に近づけたい場合はミルサーがおすすめです。

材料

たまねぎの皮‥‥‥たまねぎ2、3個分

作り方

1. たまねぎの皮はよく洗い、自然乾燥させる。
2. オーブンは180℃に予熱する。天板にクッキングシートを敷き、1をできるだけ重ならないように並べる。
3. オーブンで8分加熱乾燥させる。皮を手でにぎりつぶして粉々になればOK。粉々にならない場合は時間を追加する。
4. 冷めたらミルサーにかけてパウダー状にする。清潔な瓶などに入れて保存する。

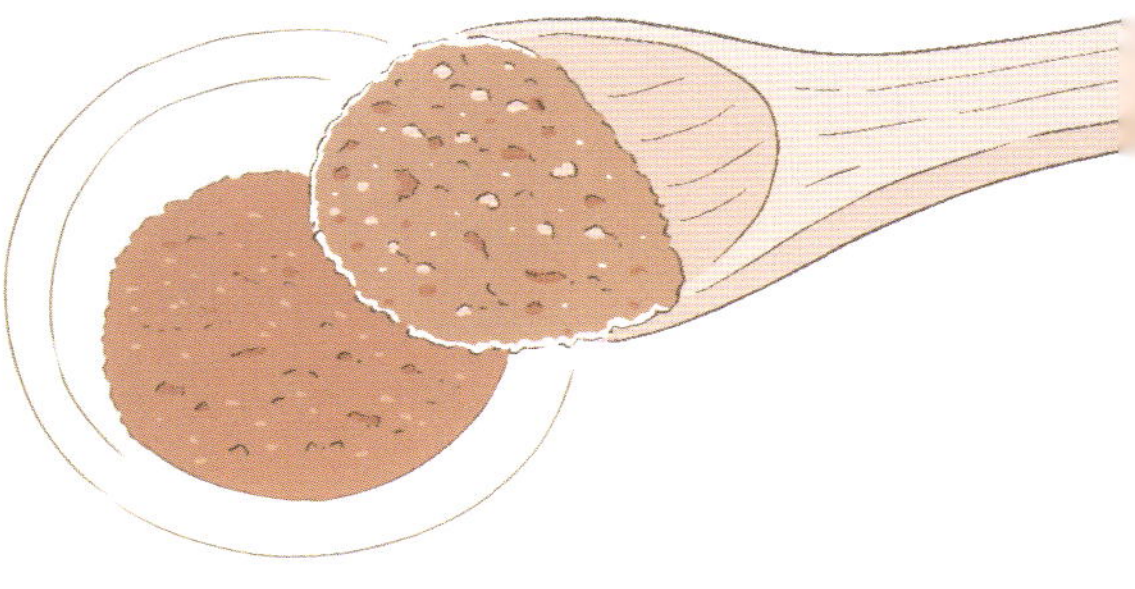

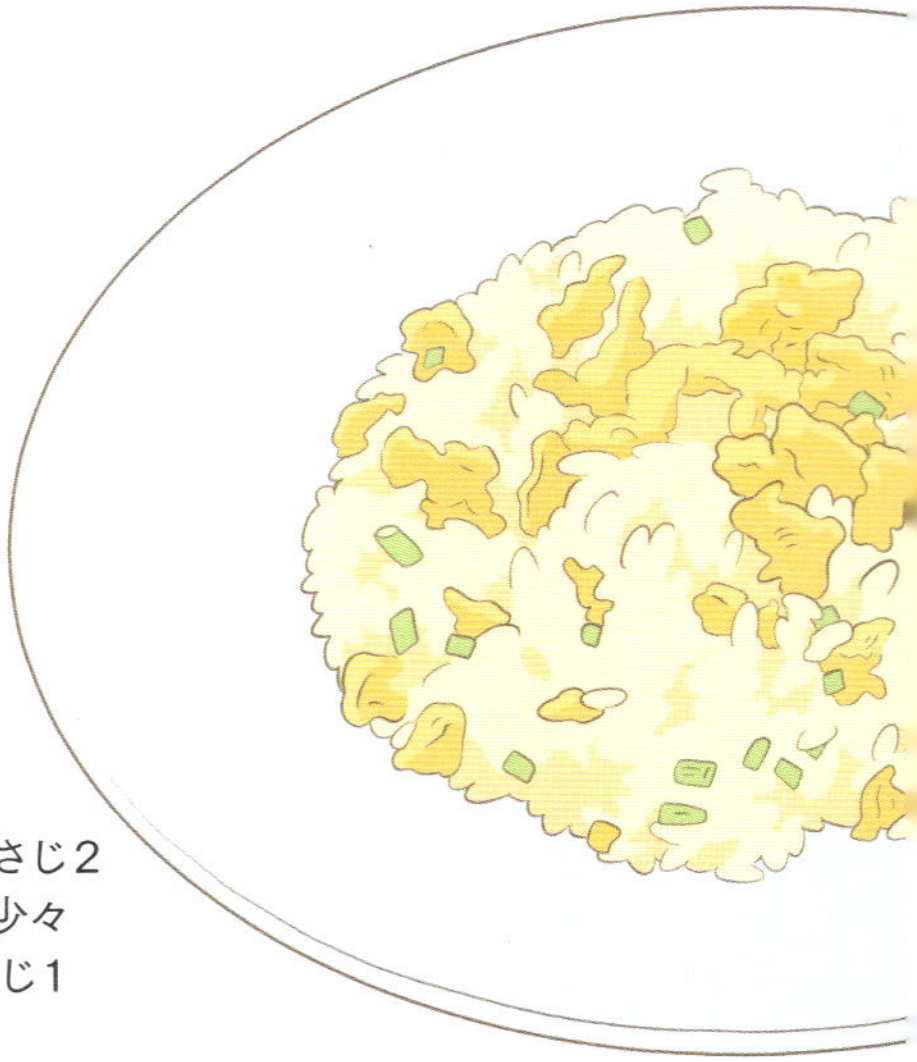

たまねぎパウダー炒飯

たまねぎパウダーの風味とこがし醤油がマッチ。香ばしそうな見た目も食欲をそそります。たまねぎパウダーの使用量は炒飯１人前に対して小さじ1が目安です。

材料（２人分）

たまねぎパウダー……小さじ２
ながねぎ……1/2 本
たまご……２個
ごはん……300g
鶏ガラスープの素……小さじ1
しょうゆ……小さじ２
塩こしょう……少々
ごま油……大さじ1

作り方

1. ながねぎはみじん切りにする。
2. フライパンにごま油をひいて中火で熱し、①を炒める。
3. 溶きたまごを加えて大きくかき混ぜ、半熟のうちにごはんを入れパラパラになるまで炒める。
4. 鶏ガラスープの素を入れ、ざっと混ぜたらしょうゆを鍋肌からまわし入れて、さらに全体を炒める。
5. 塩こしょう、たまねぎパウダーを加え、味をととのえる。

たまねぎ皮茶のミルクティー

パウダーよりもっと手軽なのが、たまねぎ皮茶です。皮の成分を煮出して作ります。牛乳とはちみつを入れると、ミルクティーのような味わいに。たまねぎ皮茶としてそのまま楽しむ場合も、氷を入れて冷やすと飲みやすくなります。

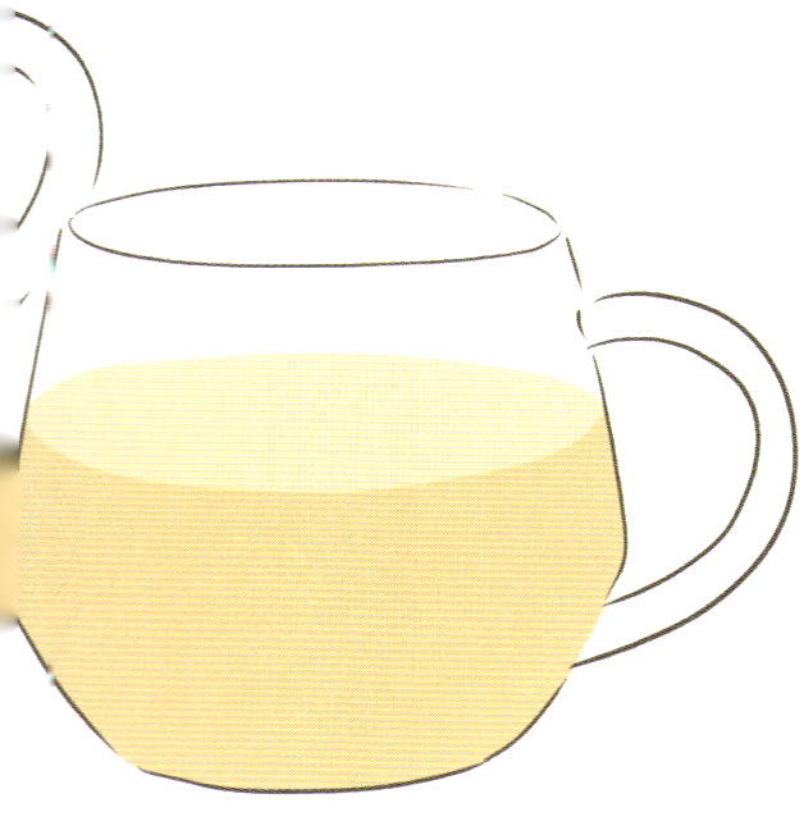

材料

たまねぎの皮……1個分
水……400cc
牛乳……適量

作り方

1. たまねぎの皮はよく洗う。
2. 鍋にたまねぎの皮と水を入れ、中火にかける。沸いたら弱火で5分ほど煮出す。
3. 皮を取り出し、牛乳を適量入れる。アイスミルクティーの場合は冷まし、牛乳と氷を入れる。

ポイント

甘みがほしい場合は、砂糖やはちみつを加えます。

たまねぎパウダーのスペイン風オムレツ

カラフルな野菜にたまねぎパウダーとチーズが入った、栄養満点のオムレツです。チーズはたまご液に混ぜ込まず、裏返す前にのせるのがポイント。表面をこんがりカリカリ焼けば、見た目にもおいしい1品の完成です。

材料

たまねぎパウダー……小さじ1
たまご……5個
ブロッコリー……50g
ミニトマト……5個
ピザ用チーズ……30g
塩……ひとつまみ
こしょう……少々
サラダ油……適量

作り方

❶ ブロッコリーは小房に分けて火を通し、冷ます。ミニトマトは半分に切る。
❷ フライパンにサラダ油をひいて中火で熱する。
❸ ボウルにたまごを入れて溶き、❶とたまねぎパウダー、塩、こしょうを入れてよく混ぜる。
❹ フライパンに❸を流し入れて全体を大きくかき混ぜ、半熟になったらピザ用チーズをのせて蓋をする。弱火で5分ほど加熱する。
❺ 全体が固まってきたら、裏返してさらに2～3分焼く。

野菜

02

だいこん

廃棄率
15%
0.0%

捨てるところが
ほとんどない優秀食材

だいこんは根も葉もおいしく食べられ、捨てるところがほぼない食材です。文部科学省公表の資料では廃棄率15%ですが、これは葉を含めない数値です。店頭購入した葉つきだいこんで計量したところ、葉と皮を廃棄することで28・7%の廃棄率となり、1／4以上を捨てている計算となりました。葉は根の水分や栄養分を吸収してしまうので、葉つきだいこんが手に入ったらできるだけ早く葉を切り落とし、新聞紙に包んで野菜室で保存します。鮮度がいいほど栄養価も高いため、早めに使い切るようにしましょう。

皮だけ切干大根

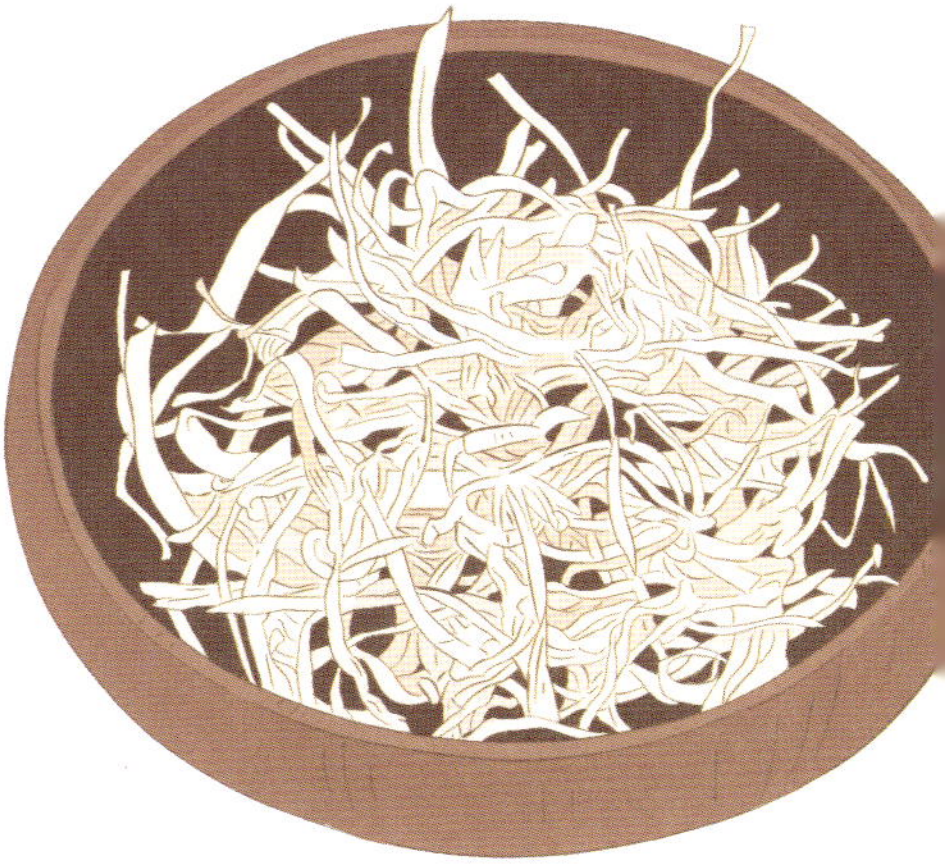

煮物作りなどで皮だけが大量に出たときに作りたい保存食です。オーブンを使うので、天気に左右されません。通常の切干大根と同様、水で戻して使えます。なるべく高温多湿を避け、瓶や袋に入れて保存してください。

材料

だいこんの皮……1本分
（200g・厚さ2〜3mmにむいたもの）

作り方

1. オーブンは120℃に予熱する。だいこんの皮は千切りにする。
2. 天板にクッキングシートを敷き、1のだいこんをできるだけ重ならないように並べて、オーブンで1時間ほど加熱乾燥させる。
3. 冷めたら清潔な保存袋や瓶に入れて保存する。

葉には根にはないβ-カロテンがたっぷり

だいこんの葉は緑黄色野菜に分類でき、100gあたり3,900μgものβ-カロテンが含まれています！　これは、ほうれん草に次ぐ多さで、小松菜に勝る値。β-カロテンには抗酸化作用があり、免疫機能の向上が期待できます。しかも、根からは摂取できません。皮にはヘスペリジンというポリフェノールの一種が含まれます。ビタミンPとの呼び名もあり、花粉症対策等に用いられます。また、まれに根の中が青いものがありますが、これは「青変症《せいへんしょう》」と呼ばれる生理障害です。多少風味が劣ることがありますが、食べても問題ありません。

だいこんの葉としらすのふりかけ

だいこんの葉のレシピではずせないのが、ふりかけです。しらすをごま油でじっくりと炒めるのがポイント。うま味が凝縮されコクが生まれます。ミネラルたっぷりなのもうれしい点ですね。

材料

だいこんの葉……1/2 本分（100g）
しらす……40g
しょうゆ……大さじ 1/2
砂糖……大さじ 1/2
いりごま……大さじ1
かつおぶし……1袋（3g）
ごま油……大さじ2

作り方

❶ だいこんの葉は5mm 幅のざく切りにする。
❷ フライパンにごま油（大さじ1）をひいて中火で熱し、しらすをまんべんなく広げる。こんがりきつね色になるまでさわらない。色がついたら全体を炒め、いったん皿などに取り出す。
❸ 同じフライパンにごま油（大さじ1）を足し、だいこんの葉を入れて中火で炒める。しんなりしてきたら、しょうゆ、砂糖を加えてさらに炒める。
❹ 汁気がほとんどなくなったら❷とかつおぶし、いりごまを加えてさっと炒める。

だいこんの皮のパリパリ漬け

ほんの少しだけ出た皮は、このレシピで食べるのがラクチンです。辛みのある先端部分も1～2日漬けるとやわらぎます。漬け時間を短縮したいなら千切りにしても OK。

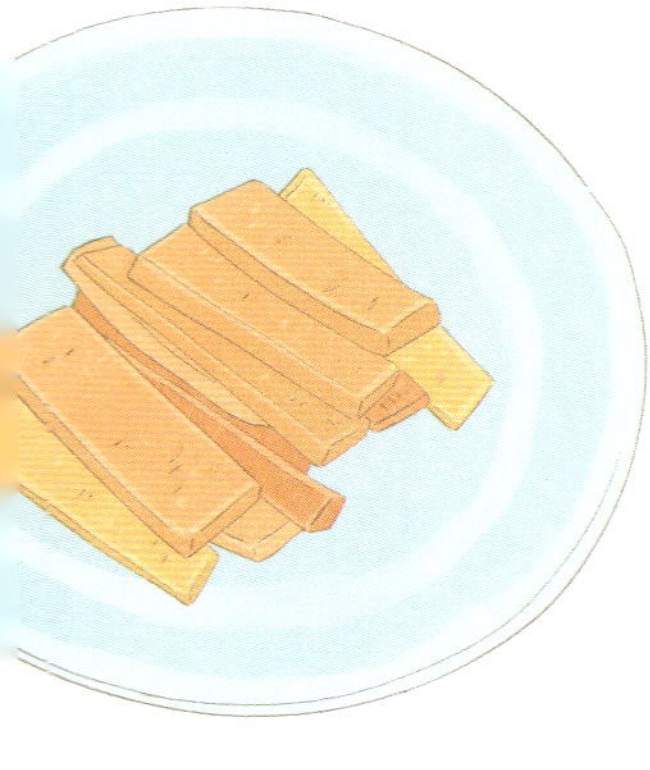

材料

だいこんの皮……適量
ポン酢……適量
砂糖……お好みで（ポン酢重量の 20%程度）

作り方

❶ だいこんの皮は短冊切り、または千切りにする。
❷ 清潔な保存袋に❶を入れ、ポン酢と砂糖を加える。
❸ 保存袋の空気を抜いて封をし、全体に調味液がいきわたるようにして冷蔵庫でひと晩漬ける。

ポイント 1時間ほどで食べられますが、1～2日経つとさらに味がなじみます。

だいこんの葉の浅漬け

だいこんの葉を調味液に漬けるだけの、手間なく作れる簡単浅漬け。混ぜごはんやおにぎり、炒飯の具材にしてもいいでしょう。

材料

だいこんの葉
……1/2 本分（100g）

Ⓐ
- 白だし……大さじ1
- 酢……大さじ1
- 砂糖……大さじ1
- 塩……小さじ 1/3

作り方

① だいこんの葉は5mm 幅のざく切りにする。
② ①を保存袋に入れ、Ⓐを加える。
③ 保存袋の空気を抜いて封をし、全体に調味液がいきわたるようにして冷蔵庫で1～2日漬ける。

ポイント お好みで鷹の爪やこんぶを加えてください。だいこんの皮を一緒に漬けても。

だいこんの葉の浅漬けを使ったチュモッパ風

韓国の混ぜごはんのおにぎり、チュモッパ。本場ではたくあんを使うところを、葉のシャキシャキ感と甘酸っぱさが似ている「だいこんの葉の浅漬け」におき換えてアレンジ。チュモッパには拳という意味があり、まんまるににぎります。

材料

だいこんの葉の浅漬け（上記参照）
……50g
ごはん……150g
韓国のり……全形1枚（3g）
いりごま……小さじ 1/2
ごま油……小さじ 1/2

作り方

① 韓国のりは小さくちぎる。
② だいこんの葉の浅漬けは、余分な水気を軽くしぼる。
③ ボウルに材料をすべて入れ、混ぜ合わせる。
④ ６等分にし、まるくにぎる。ラップを使うと簡単。

野菜

03

ピーマン

廃棄率
15%
2.9%
※ヘタのみ
廃棄

ワタや種には血流をよくするピラジンが豊富

ピーマンはヘタ以外はすべて食べられ、捨てるところがほとんどありません。ワタや種には、ピーマンの独特な香り成分であるピラジンが多く含まれています。特にワタには、実の約10倍ものピラジンが含まれており、血流をよくして血液をサラサラにしてくれます。ワタや種をそのまま食べれば時短できるうえに、栄養価も高くなりいいことずくめです。種は思うほど苦味はなく、ひき肉料理と合わせるとよりいっそう食べやすくなります。

ピーマンのビタミンCは熱しても失われにくい

通常、ビタミンCは熱に弱く流出しやすいですが、ピーマンは肉厚なので加熱してもビタミンCが失われにくいのが特長です。含有量も多く、レモン汁の1・5倍、トマトの5・1倍ものビタミンCを含んでいます。大きめのピーマン3個（150g）で1日分のビタミンCを摂ることができるほどです。またビタミンA・Eも含まれますが、これらは脂溶性のため、油で調理すると吸収が高まります。チンジャオロースのような炒め物や焼きびたしが定番ですが、栄養面でも理にかなっている食べ方なのです。

ピーマンのまるまる焼きびたし

ピーマンをまるごと焼いてめんつゆで煮る、シンプルイズベストな副菜です。ピーマンにあらかじめ縦の切れ込みを入れておくことで、中までしっかり味がしみ込みます。作りおきも可能なのでピーマンのおいしい季節にどうぞ。

材料

ピーマン……4個
めんつゆ（2倍濃縮）……50cc
サラダ油……大さじ 1/2
かつおぶし……適量

作り方

1. ピーマンは縦方向に切れ込みを4か所ずつ入れる。
2. フライパンにサラダ油をひいて中火で熱し、ピーマンを焼く。ときどき転がしながら、全体に焼き目をつける。
3. ヘラで押しつぶせるくらいまで火が通ったら、めんつゆを水で薄めず原液のまま加える。ひと煮立ちしたらピーマンを裏返してさらに1〜2分煮込む。
4. 器に盛り、かつおぶしをちらす。

ポイント

ピーマンにある程度火が通ったら、ヘラなどで押しつぶしながらしっかり焼き目をつけましょう。油はねにはお気をつけください。

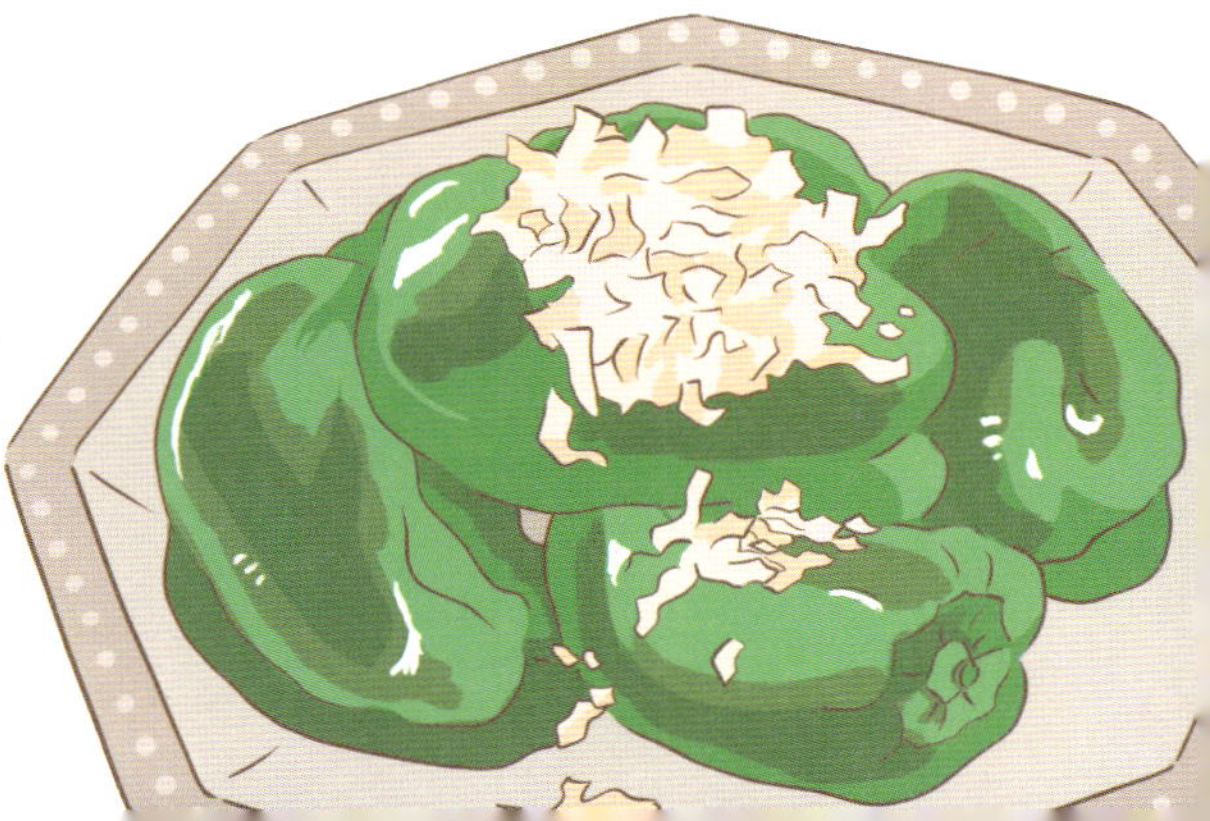

種ごとチンジャオロース

ピーマン料理の定番、チンジャオロース。種とワタも細かく刻んで加えますが、ほとんど違和感なくピーマンと豚肉の抜群の相性を堪能することができます。いつものおかずを無理なくサステナブルに楽しみましょう！

材料

ピーマン……4個
豚ロース肉（薄切り）……200g
たけのこの水煮……100g
Ⓐ しょうゆ……小さじ1
　 酒……小さじ1
片栗粉……大さじ 1/2
ごま油……大さじ1

Ⓑ オイスターソース……大さじ1
　 酒……大さじ1
　 しょうゆ……大さじ 1/2
　 砂糖……小さじ1
　 鶏ガラスープの素……小さじ 1/2

作り方

1. ピーマンとたけのこの水煮は千切りにする。ピーマンの種・ワタは細かく刻む。Ⓑは混ぜ合わせておく。
2. 豚ロース肉は5mm 幅の細切りにしてⒶをもみ込み、片栗粉をまぶす。
3. フライパンにごま油をひいて中火で熱し、2を炒める。豚肉の色が変わったらピーマン（種・ワタも）とたけのこを加えてさらに炒める。
4. ピーマンがしんなりしたらⒷを加えて、全体を炒め合わせる。

ポイント 豚肉に下味をつけることで、味がしまります。本場・中国のように、豚肉ではなく牛肉を使っても。

まるごとピーマンの肉詰め

種とワタははずさずそのまま使うので、時短&簡単&エコ&栄養たっぷりの一石四鳥！うれしいことずくめで、肉詰め作りのハードルもぐっと下がります。ピーマンの内側に片栗粉をふるひと手間が、肉をはがれにくくするコツです。

材料

ピーマン……4、5個
たまねぎ……1/4個
豚ひき肉、または合びき肉……150g
パン粉……大さじ3
牛乳……大さじ1と1/2
塩……ひとつまみ

Ⓐ
- 水……大さじ1
- ケチャップ……大さじ1
- 中濃ソース……大さじ1
- 砂糖……小さじ1

片栗粉……適量
サラダ油……適量

作り方

① たまねぎはみじん切りにして、耐熱容器に入れる。ふんわりとラップをかけ600wの電子レンジで2分加熱し、冷ましておく。
② ピーマンは縦半分に切る。種とワタは取らない。
③ ボウルに豚ひき肉と①、パン粉、牛乳、塩を入れ、ねばり気が出るまで混ぜる。
④ ピーマンの内側に片栗粉をまぶし、③を詰める。
⑤ フライパンにサラダ油をひいて中火で熱し、④を肉の面から焼く。こんがり焼けたら裏返して蓋をし、中までしっかり火を通す。
⑥ Ⓐを加え、全体にからめてさっと煮る。

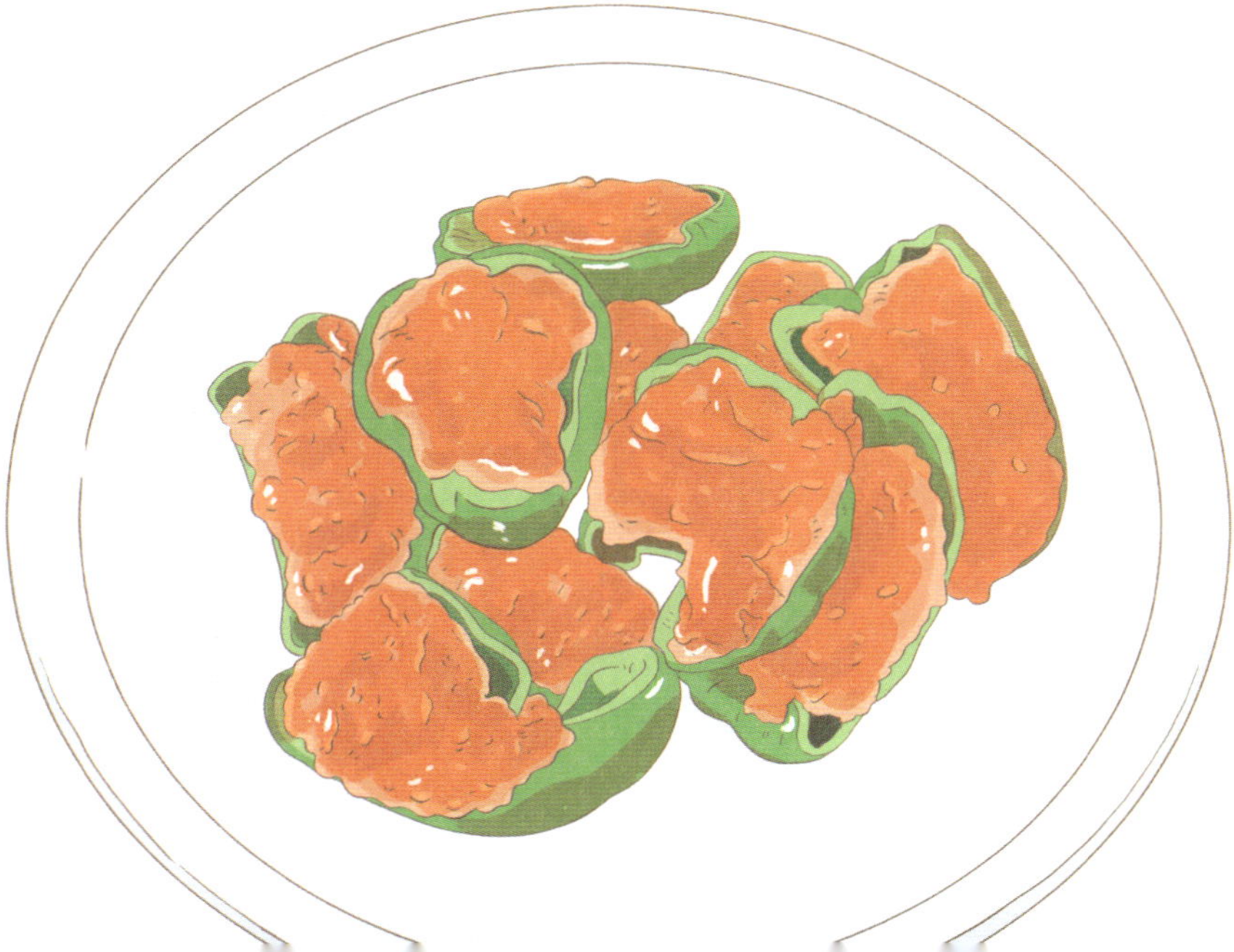

野菜

04

ながねぎ

廃棄率
40%
1.3%
※下部の数ミリのみ廃棄

青い葉に含まれるβ-カロテンは白い部分の18倍

ながねぎは野菜の中で廃棄率が高いほうで、青い葉を捨てると40％もの部分を捨てることになってしまいます。栄養面において青い葉は緑黄色野菜に分類され、淡色野菜に分類される白い部分と比べると、ビタミンCは2・3倍、β-カロテンにいたっては18倍もの含有量ですから、捨ててしまっては残念です。β-カロテンとビタミンCはどちらも免疫機能を維持し、粘膜の健康を保つため、鼻やのどの調子をととのえるのに役立ちますよ。風邪対策にながねぎを使う場合は、ぜひビタミンの多い青い葉までまるごと使うようにしてくださいね。

ながねぎと肉料理の相性がよい理由

ながねぎ独特の辛みや香りの正体はアリシンと呼ばれる成分です。ながねぎは肉と一緒に食べる料理も多いですが、これは消臭作用があって、肉のにおいをやわらげてくれるからです。もうひとつ、ながねぎと肉料理の組み合わせがよい理由があります。アリシンはビタミンB_1の吸収を高めますから、ビタミンB_1の含有量が多い肉類と一緒に食べるのは栄養面から見ても理にかなっているのです。また、アリシンは焼くと甘み成分へと変化しますから、すき焼きや豚汁、肉野菜炒めなどは先に炒めるようにするとよいでしょう。

ながねぎメインの食べるラー油

ながねぎたっぷりの、食べるラー油。餃子はもちろん、ごはんや肉、豆腐にもよく合います。
ながねぎをまるごと1本使っていますが、青い葉のみ2、3本分でも作れます。

材料

ながねぎ……1本
にんにく……1片
ごま油……50cc
サラダ油……50cc
一味唐辛子……小さじ1～2
鶏ガラスープの素……小さじ1
砂糖……小さじ1
いりごま……小さじ1
山椒……お好みで

作り方

1. ながねぎとにんにくはみじん切りにする。
2. フライパンにごま油、サラダ油、1を入れて弱火で熱し、香りが立ってきたら一味唐辛子、お好みで山椒を入れる。
3. にんにくがしっかりと色づくまで、じっくりと揚げる。
4. 火を止め粗熱が取れたら、鶏ガラスープの素、砂糖、いりごまを加えて混ぜる。

葉ごとながねぎの焼きとり風つくね

ながねぎをまるごと1本余さず使います。ながねぎの青い葉はつくねに混ぜ込むことで色合いがよくなり、風味も活かせます。白い部分はこんがり焼けば、中はとろとろ。お箸がとまらない、ごはん泥棒な1品です。

材料

ながねぎ……1本
鶏ひき肉……150g
すりおろししょうが……小さじ1/2
塩……ひとつまみ
片栗粉……小さじ1

Ⓐ
しょうゆ……大さじ1
みりん……大さじ1
酒……大さじ1
砂糖……小さじ2

水溶き片栗粉
……適量（片栗粉1：水2の割合）

作り方

① ながねぎは青い葉と白い部分に切り分ける。青い葉はみじん切りに、白い部分は3cm幅に切る。
② フライパンにながねぎの白い部分を並べ（油は不必要）、中火で両面に焼き目をつけたら、皿などにいったん取り出しておく。
③ ボウルにみじん切りにした青い葉と鶏ひき肉、すりおろししょうが、塩、片栗粉を入れ、よく混ぜる。
④ フライパンにサラダ油（分量外）を塗り、③をひと口大にまるめて並べ入れる。1個あたり大さじスプーン山盛り1杯分が目安。
⑤ 中火で両面をこんがり焼いたら、水（分量外：大さじ2）をまわしかけて蓋をし、火が通るまで5分ほど蒸し焼きにする。
⑥ Ⓐを加え、沸いたら水溶き片栗粉でとろみをつける。②を戻し入れ、からめながらひと煮立ちさせる。

ながねぎの和風マリネ

ながねぎの青い葉を使った和風マリネです。ながねぎは焼くと甘みが増すので、中火でじっくりと焼くのがポイント。作ってすぐ食べられますが、冷やすと味がなじみます。

材料

ながねぎ（青い葉）……3本分

Ⓐ
- オリーブオイル……大さじ1
- レモン汁……大さじ 2/3
- しょうゆ……大さじ 1/2
- すりおろししょうが……小さじ 1/3

作り方

① ながねぎは4～5cm 幅に切る。
② フライパンを中火で熱し、油はひかずに①を両面こんがり焼く。
③ 熱いうちにⒶと和え、冷ます。

牛タンのねぎ塩冷しゃぶサラダ

焼肉屋でおなじみのねぎ塩は青い葉も入れると、色・風味ともによく仕上がりますよ。ポン酢と合わせて牛タンにかけ、さっぱりとサラダでいただきます。

材料

ながねぎ……1本

Ⓐ
- ごま油……大さじ 2
- 鶏ガラスープの素……小さじ1
- レモン汁……小さじ1
- 塩こしょう……少々

牛タン（薄切り）……4、5枚
レタス……3、4枚
ポン酢……適量

作り方

① ねぎ塩だれを作る。みじん切りにしたながねぎとⒶを混ぜ合わせる。
② 牛タンはゆでる。レタスは食べやすい大きさにちぎる。
③ 器にレタス、牛タンの順に盛りつけ、①とポン酢を混ぜ合わせてかける。

ポイント ねぎ塩は牛豚鶏はもちろん、鮭やさばなどの魚料理にもよく合います。使うながねぎによっては辛みがありますが、その場合はレンジ加熱するとやわらぎます。

野菜

05

キャベツ

芯に含まれる甘み成分は葉の9.3倍!

廃棄率
20.7%
7.1%

※外葉つき実測値で比較。株元のみ廃棄

ふんわりと軽くやわらかい春キャベツ、煮込むと甘い冬キャベツ。そして夏から秋はそのまま食べても甘みのある高原キャベツが出まわります。キャベツは春夏秋冬ずっとおいしい、食卓のパートナーです。栄養面で特に注目したいのがビタミンUで、胃腸薬の成分として知られており、胃腸の粘膜の健康を保つ働きがあります。また、敬遠されがちな芯の部分には、スクロースという糖類が葉の9・3倍も含まれているため甘みが強く、カリウムについても2倍以上含むという報告もあります。千切りキャベツにしていただく場合は、芯に対して垂直方向に切るとふんわり仕上がりますよ。

外葉は煮くずれしない長所を活かした料理に

店頭で大量に捨てられているキャベツの外葉を見ると、本当にもったいないなと思います。文部科学省公表の資料では廃棄率15%となっていますが、これは主に中央の固い芯だけを捨てることを想定した数値です。実際にはもっと高いと考えられ、実測値では20・7%の廃棄率となりました。外葉は内葉より固く、多少の青臭さはありますが、適した料理に使えばまったく気になりません。生食よりも炒め物や和え物にしたり、長時間煮込んでもくずれにくい特徴を活かしたロールキャベツやスープ類などに向いています。

キャベツの外葉でジューシー餃子

キャベツをたっぷり使ったヘルシー餃子です。キャベツの外葉は生のまま混ぜ込まず、電子レンジで加熱しておくことでやわらかく食べやすくなります。

材料（25 個分）

キャベツの外葉・芯・内葉……合わせて 300g
豚ひき肉……200g
Ⓐ
- すりおろししょうが……小さじ1
- すりおろしにんにく……小さじ1
- しょうゆ……小さじ 1/2
- 鶏ガラスープの素……小さじ1
- ごま油……大さじ1

餃子の皮……25 枚
水……100cc
サラダ油……大さじ1
ごま油……小さじ1
しょうゆ、酢、ラー油など……お好みで

作り方

1. キャベツはみじん切りにして耐熱容器に入れ、水（分量外）を軽くふりかける。ふんわりとラップをかけ600wの電子レンジで3分30秒加熱する。冷まして水気をしぼる。
2. ボウルに❶と豚ひき肉、Ⓐを入れてよくこね、餃子の皮で包む。
3. フライパンにサラダ油をひいて中火で熱し、❷を並べ入れる。
4. 焼き目がついたら水を加えて蓋をし、6〜7分蒸し焼きにする。
5. ごま油をまわし入れて水気を飛ばし、皮がカリッとなるまで焼く。
6. 器に盛り、お好みでしょうゆ、酢、ラー油などをつけていただく。

キャベツの外葉のザワークラウト風

ドイツ生まれの漬物、ザワークラウト。さっぱりしていて、ウインナーや肉料理など脂の多い料理と一緒に食されます。酢が外葉の青臭さをかき消してくれます。

材料

キャベツの外葉・芯・内葉……合わせて 300g
酢……大さじ2
砂糖……大さじ1
塩……ひとつまみ

作り方

1. キャベツは千切りにして耐熱容器に入れ、水（分量外）を軽くふりかける。ふんわりとラップをかけ 600w の電子レンジで3分 30 秒加熱する。冷まして水気をしぼる。
2. ボウルに❶と酢、砂糖、塩を入れて和え、冷蔵庫で1時間ほど味をなじませる。

野菜たっぷりミネストローネ

材料をすべて鍋に入れ、煮込むだけのお手軽ミネストローネです。砂糖とバターを入れるとコクが出て、カットトマトの酸味がやわらぎます。たっぷりできるので、翌日はペンネを入れたりリゾットで楽しむのもいいですよ。

材料

キャベツの外葉・芯・内葉……合わせて 300g
セロリ……1本
たまねぎ……1/2 個
にんじん……1/2 本
ハーフベーコン……2パック（70g）
水……1000cc
カットトマト……1缶（400g）
コンソメ……大さじ1
砂糖……小さじ1
バター……10g
塩……少々
粉チーズ……お好みで

作り方

1. キャベツの芯は薄くスライスして刻む。外葉・内葉、セロリの葉は1～2cm 角のざく切りにする。セロリの茎、たまねぎ、にんじんは1cm 角に切る。
2. ベーコンは1cm 幅に切る。
3. 鍋に①と水、カットトマト、コンソメを入れて強火にかけ、沸いたら弱火から中火で15 分ほど煮込む。
4. 野菜がやわらかくなったら、②を加えてひと煮立ちさせる。
5. 砂糖とバターを入れ、塩で味をととのえる。お好みで粉チーズをふる。

ポイント じゃがいもやはくさい、豆類などお好きな野菜で作れますが、セロリを入れることでぐっとおいしくなります。

野菜

06

ブロッコリー

廃棄率
35%
4.0%

※茎の固い部分のみ廃棄

欧米では「栄養宝石の冠」と呼ばれる実力派

ブロッコリーは花のつぼみを食する野菜で、ケールが祖先にあたります。緑黄色野菜の王様であるケールが起源とされるだけあって栄養素は非常に豊富。欧米では「栄養宝石の冠（Crown of Jewel Nutrition）」と称されるほどです。抗酸化作用のあるビタミンACEをたっぷり含みます。ビタミンCはレモンの1・4倍、β-カロテンはキャベツの37・5倍。ビタミンEもアボカドに匹敵するほどの含有量です。そのほかにもカリウムや鉄といったミネラルも多く含みます。カリウムはむくみ対策、鉄は貧血対策に役立ちます。野菜の鉄は吸収率が低いのですが、ブロッコリーならビタミンCも同時に摂れるため、効率よく吸収されると考えられます。

ブロッコリーの茎のザーサイ風

茎は皮をむかずに薄くスライスして使います。茎から枝分かれしている細い茎もあれば一緒に使います。本来のザーサイは発酵させるため酸味と強い塩気がありますが、ここではお手軽に酢を少量足し、塩分も抑えています。

材料

ブロッコリーの茎……1株分

Ⓐ ごま油……小さじ1
　鶏ガラスープの素……小さじ 1/2
　酢……少々

ラー油……お好みで

作り方

1. ブロッコリーの茎は、2mm 程度に薄くスライスする。
2. ①を水にくぐらせてから耐熱容器に入れ、600w の電子レンジで2分加熱する。
3. 温かいうちにⒶを混ぜ合わせて冷まし、お好みでラー油をたらす。

野菜

茎のほうがビタミンCとβ-カロテンが多い！

ひと昔前まではブロッコリーの茎は捨てられることが多かったのですが、昨今はようやく茎まで食べる方が増えたように感じます。茎は薄くスライスすればそのまま食べられます。成長しすぎて固くなった皮は、むけば内側はやわらかく、つぼみと同じように使えます。しかも茎にはつぼみの部分よりもビタミンCやβ-カロテンが多く含まれますから、よいことばかりです。ひとつ注意してもらいたいのが、加熱方法です。ブロッコリーのカリウムやビタミンCは水溶性で、水に溶け出る性質があります。ゆでるよりも蒸したり、電子レンジで調理するほうが栄養素を保てます。また、加熱前に塩をふることで緑色を鮮やかに保ち、甘みを引き出すことができます。

ブロッコリーのカレーフリット

サクふわの軽い衣の中に、甘くてホクホクのブロッコリー。ゆでたときとはまた違った、ブロッコリーの新たな魅力が引き出されます。ほんのりカレー風味で、ブロッコリー嫌いなお子さまにも食べやすい味です。

材料

ブロッコリー……1/2 株

Ⓐ
- 薄力粉……大さじ４
- 水……大さじ３
- ベーキングパウダー……小さじ１
- カレー粉……小さじ 1/2
- 塩……ひとつまみ

サラダ油……適量

作り方

① ブロッコリーは食べやすい大きさに切る。
② Ⓐを混ぜて衣を作る。
③ ブロッコリーに②をからめ、180℃の油でカラッと揚げる。

ブロッコリーのチーズ焼き

ゆでたり蒸したりという食べ方が定番のブロッコリー。実は焼いてもおいしいです。オリーブオイルと粉チーズをまわしかければ、β-カロテンの吸収率もアップします。香ばしくおつまみにちょうどいい味わいになりますよ。ブロッコリー料理のマンネリ解消にもおすすめです。

材料

ブロッコリー……1/2 株
パプリカ……1/2 個
オリーブオイル……適量
粉チーズ……適量

作り方

① ブロッコリーは小房に分けたものは縦半分に、茎は食べやすい大きさに切る。
② パプリカは種とワタを取らずに 2cm 角に切る。
③ ①は断面を下、②は皮面を下にしてフライパンに重ならないように並べ入れ、オリーブオイルをまわしかけて粉チーズをふる。
④ 弱火でこげ目がつくまで焼いたら裏返し、蓋をしてさらに１～２分焼く。
⑤ 器に盛り、仕上げの粉チーズをふる。

ハッシュドブロッコリー

ブロッコリーとじゃがいもで作る、ハッシュドブロッコリーです。にんじんも入れると、彩りがアップします。ブロッコリーは芯の部分もおいしく食べられます。じゃがいもはさっと水にくぐらせてから電子レンジにかけたほうが、火の通りがいいです。

材料

ブロッコリー……1/2 株
じゃがいも……2個
にんじん……30g
片栗粉……大さじ2
塩こしょう……少々
サラダ油……適量

作り方

① ブロッコリーはつぼみ、茎ともに5mm 角に切る。
② にんじんは皮ごと5mm 角に切る。
③ じゃがいもは皮ごと5mm 角に切り、さっと水にくぐらせ耐熱容器に入れる。
④ ②も加えてふんわりとラップをし、600w の電子レンジで3分加熱する。
⑤ さらに①を加え、ふんわりとラップをして2分追加で加熱する。
⑥ 粗熱を取り、片栗粉と塩こしょうを混ぜる。小判形に成形し、片栗粉（分量外）を薄くまぶす。
⑦ フライパンに1cm ほど油を注いで中火で熱し、⑥を両面揚げ焼きにする。

ポイント 成形する際は、手で軽くにぎるようにすると、じゃがいもがつぶれてまとまりやすくなります。

かぼちゃ

廃棄率
10%
6.8%

※西洋かぼちゃの場合。
ヘタと種のみ廃棄

自然乾燥すれば作れる パンプキンシード

「冬至にかぼちゃを食べると風邪をひかない」という言い伝えがありますが、これはあながち嘘ではありません。かぼちゃの栄養価は野菜の中でもトップクラス。寒さが厳しく体が弱りやすい時期にかぼちゃを食べ、体調管理に役立てるという昔ながらの知恵は、現代にまで受け継がれています。βカロテン、ビタミンC・Eなどを豊富に含みますが、β-カロテンは実よりも皮に多く含まれます。彩りにもなるので、捨てずに活用しましょう。種からは自然乾燥させればパンプキンシードが取れます。

パンプキンシード

パンプキンシードはそのまま食べたり、製菓材料やシリアル、スープ、サラダなどにお使いいただけます。種は固く小さいので、ハサミの扱いにはお気をつけください。

材料

かぼちゃの種……適量

作り方

1. 種は水洗いをしてぬめりを落とす。
2. 水分を拭き取りザルなどにのせ、室内の風通しのよい場所で1週間～10日自然乾燥させる。オーブンで作る場合は、120℃で1時間ほど加熱乾燥させる。
3. 透明な膜がはがれてきたら、キッチンバサミで種の先端をふちにそってV字に切り、殻の隙間にキッチンバサミの先を入れ込んで、中のシードを取り出す。

かぼちゃの皮のナムル

かぼちゃの皮を千切りにして、ナムルに。皮は厚めにむいて、実の甘みや食感も加えるのがおいしさの秘密です。電子レンジを使えば５分ほどで作れます！　鶏ガラスープ味で箸の進む味わいです。お弁当おかずにも。

材料

かぼちゃの皮‥‥‥1/4 個分
ごま油‥‥‥小さじ1
鶏ガラスープの素‥‥‥小さじ 1/4
いりごま‥‥‥適量

作り方

1. かぼちゃの皮は厚み3mm 程度にむいたものを千切りにして耐熱容器に入れる。
2. ふんわりとラップをして、600w の電子レンジで２分加熱する。固い場合は、様子を見ながら 10 秒ずつ追加加熱する。
3. ごま油と鶏ガラスープの素を和え、いりごまをふる。

かぼちゃたっぷりほうとう風うどん

山梨の郷土料理、ほうとう。本来は平たい麺を使用しますが、手軽に作れるよう、うどんで代用しています。皮ごとかぼちゃを入れれば、栄養価と彩りがアップ。具材に決まりはなく、冷蔵庫にある野菜やきのこを入れて OK。

材料（２人分）

かぼちゃ……150g	豚肉（薄切り）……100g
にんじん……1/2 本	だし汁……600cc
しめじ……1袋	みそ……大さじ1と 1/2
油揚げ……1枚	ゆでうどん……400g

作り方

1. かぼちゃは1cm 幅の食べやすい大きさに切り、にんじんはいちょう切りにする。しめじはほぐす。油揚げは必要に応じて油抜きし、短冊切りにする。
2. 鍋にだし汁、にんじん、しめじを入れて火にかけ、沸いたら豚肉と油揚げ、かぼちゃを加え中火で煮る。
3. 肉に火が通り、野菜がやわらかくなったら火を止めてみそを溶かす。
4. ゆでうどんを加えてひと煮立ちさせる。

ポイント しめじの石づきは包丁で切り落とさず、１、２本ずつを株元から引っこ抜くと無駄なく使えます。

まるごとかぼちゃのバスクチーズケーキ

坊ちゃんかぼちゃを使った、器までおいしく食べられるバスク風チーズケーキ。中はとろっとした口当たり、皮はタルトのような役割をして、最後までおいしくいただけます。生クリーム不使用ですが、濃厚な仕上がりです。

材料

坊ちゃんかぼちゃ……1個（400g）
牛乳……50cc
クリームチーズ……50g
砂糖……大さじ1
たまご……1個
薄力粉……小さじ1

作り方

① 牛乳、クリームチーズ、たまごは常温に戻しておく。
② かぼちゃは水にくぐらせ全体をラップで包み、600w の電子レンジで4分加熱する。冷めたら上部1cm を切り落とし、中の種、ワタ、実をかき出す。実は5mm 程度残るようにして皮が割れないよう注意する。オーブンは 250℃に予熱する。
③ ボウルに種とワタ、牛乳を入れて混ぜ、ザルでていねいにこす。
④ 別のボウルにクリームチーズと砂糖を入れてなめらかになるまで混ぜ、③を加えてさらに混ぜる。しっかり溶いたたまごを加え混ぜたら、薄力粉をふるい入れてさらに混ぜる。
⑤ かぼちゃの中に④を流し入れ、オーブンで 20 ～ 25 分焼く。焼き目をつけたいときは、トースターやグリルに移して5分ほど焼く。
⑥ 粗熱を取り、冷蔵庫でひと晩寝かせる。皮ごと切り分けていただく。

ポイント かぼちゃの大きさにもよりますが、バスク風ならではのとろっとした半生感を出すため、オーブンでの加熱は 30 分以内にしましょう。

アスパラガス

廃棄率
20%
3.6%
※下部の数ミリのみ廃棄

アスパラガスの皮でチーズおつまみ

アスパラの皮だけが余ってしまったときに作れる、簡単おつまみです。フライパンでこげ色がつくまでしっかり焼き、チーズのパリパリ食感で皮を包み込みます。お酒のアテにぴったりで、特にビールとよく合いますよ。

材料

アスパラガスの皮……1束分
とろけるタイプのスライスチーズ……3、4枚
黒こしょう……少々

作り方

❶ アスパラガスの皮は1〜2cmに切る。
❷ 火にかける前の冷たいフライパン（フッ素樹脂加工推奨）にスライスチーズを並べ、❶をのせ、黒こしょうをふる。
❸ 中火で2〜3分焼き、こげ色がついたら裏返してさらに2〜3分焼く。冷めたら食べやすい大きさに割る。

ポイント 冷たい状態のフライパンに具材をのせてから火にかけることで、全体にじっくり熱が伝わりパリパリになります。

野菜

気持ちを落ち着かせ疲れにくい体作りに

その美しい緑色と、高い栄養価から「春の宝石」とも呼ばれるアスパラガス。β-カロテン含有量が高く、緑黄色野菜に分類されます。旬の春頃に採れるものには、毛細血管を強くする作用があるルチンが多く含まれます。精神を落ち着かせる働きもあり、新年度であわただしい日々の健康を支えてくれます。また、アスパラギン酸はアスパラガスから発見されたアミノ酸の一種。疲労対策に役立つので、スタミナをつけたいときに取り入れてみてはいかがでしょうか。

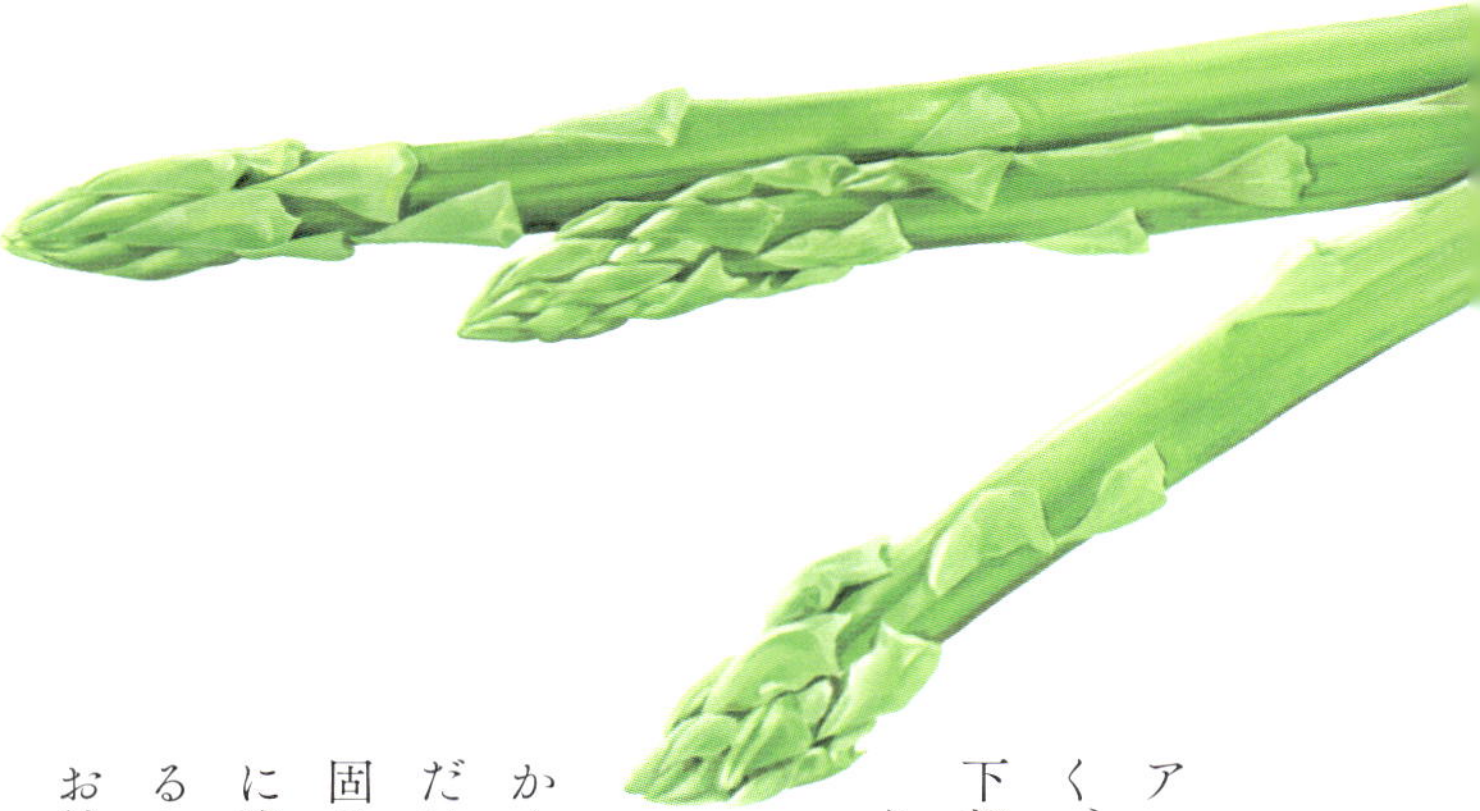

筋は隠し包丁を入れると食べやすくなる

アスパラガスは先の穂が一番やわらかく、茎の下に向かって固くなりますが、下部は何センチも切り落とす必要はありません。汚れている部分のみを数ミリカットするだけで、問題なく食べられます。筋（皮）についても国産アスパラガスはやわらかく、むかなくても十分おいしくいただけるものが多くなっています。筋が固そうな場合でも筋はそのまま、表面に浅く隠し包丁を2～3㎜間隔で入れることで噛み切りやすくなりますからお試しください。

アスパラ色のまるごとリゾット

ほんのりグリーンがきれいなリゾット。チーズたっぷりの濃厚な味わいです。生米ではなくごはん、えびではなく乾燥タイプの桜えびを使っているので気軽に作ることができます。筋はミキサーにかけるとまったく気になりません。

材料（1人分）

アスパラガス……5、6本
牛乳……200cc
ごはん……150g
ピザ用チーズ……30g
コンソメ……小さじ1
桜えび（乾燥）……5g
粉チーズ、黒こしょう……お好みで

作り方

1. アスパラガスは塩ゆでして、下半分を牛乳とミキサーにかける。上半分は5mm幅で斜め切りにする。
2. フライパンにミキサーにかけた❶とごはんを入れ、中火で煮る。沸いたらピザ用チーズ、コンソメ、桜えびを加え弱火にして2〜3分煮る。
3. ❶のアスパラガスの上半分を加えて軽く混ぜ、器に盛ってお好みで粉チーズ、黒こしょうをふる。

ポイント アスパラガスは塩ゆですることで緑色が鮮やかに保てます。

焼きアスパラガスとたまごのオーロラソース

蒸し焼きにしたアスパラガスに目玉焼きをのせた1品で、オーロラソースに入っているレモン汁が味のアクセントになっています。目玉焼きは半熟にし、とろけ出す黄身にパンをつけながら食べると、また格別です。

材料

アスパラガス……5、6本
塩……ひとつまみ
オリーブオイル……大さじ 1/2
たまご……1個

Ⓐ
マヨネーズ……大さじ1
ケチャップ……大さじ 1/2
レモン汁……小さじ 1/4

黒こしょう、粉チーズ……お好みで

作り方

① 目玉焼きを作る。
② アスパラガスは噛み切りやすいよう、表面に浅く隠し包丁を入れる。フライパンに入らないときは、適宜カットする。
③ フライパンにオリーブオイルをひいて中火で熱し、②を並べて塩をふり入れ、中火で２～３分焼く。
④ 水（分量外：大さじ1）を加えて蓋をし、1～2分蒸し焼きにする。
⑤ 器に④を盛り、目玉焼き、Ⓐを混ぜたソースをかける。お好みで黒こしょう、粉チーズをふる。

野菜

09

じゃがいも

廃棄率
10%
0.0%
※芽や緑の変色がない場合

皮を食べて年間1・7kgの食品ロス削減?!

日本人は1人あたり、年間17kgものじゃがいもを消費しているといいます。これは加工品も含めた値ですが、仮にすべて皮を捨てているとすると、年間1・7kgのごみを出す計算（廃棄率10%に基づく）です。逆にいえば、じゃがいもだけで1人あたり年間1・7kgもの食品ロスを減らせるということ。また、皮つきで食べたほうが食物繊維を多く摂取でき、皮なしに比べ含有量は1・1倍です。ただし、芽や緑色の部分には毒が含まれているので、しっかり取りのぞいてください。

じゃがいもの皮のパリパリシーザーサラダ

じゃがいもの皮をパリパリに揚げ、皮チップスを作ります。そのまま塩をふってもおいしくいただけますが、クルトンの代わりにシーザーサラダにトッピング。クリーミーなドレッシングとシャキシャキのサラダによく合いますよ。

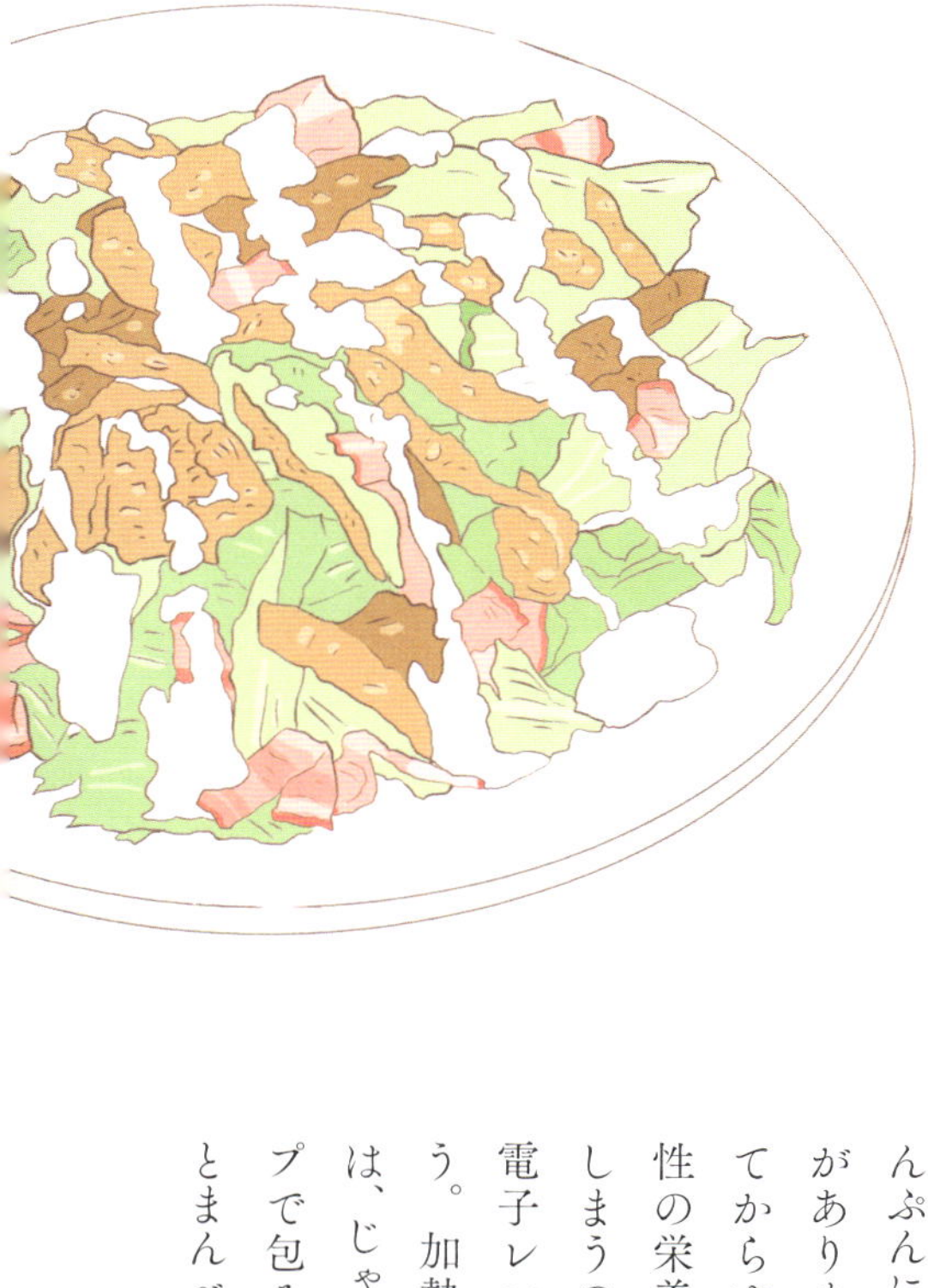

材料

じゃがいもの皮（ピーラーでむいたもの）……1、2個分
ハーフベーコン……1パック（35g）
レタス……適量
サラダ油……適量
シーザードレッシング（市販）……適量
粉チーズ、黒こしょう……適量

作り方

1. じゃがいもの皮は水気を拭き取り、170℃の油でこんがりと揚げる。
2. ベーコンは1cm幅に切り、フライパンでカリカリになるまで焼く。（油は不必要）
3. 器にちぎったレタスを盛り、1と2をトッピングしてシーザードレッシングをかける。お好みで粉チーズや黒こしょうをふる。

ビタミン栄養素は電子レンジ調理でしっかりキープ

じゃがいもは野菜の中でビタミンCの含有量が比較的多いほうです。通常、ビタミンCは加熱調理に弱いのですが、じゃがいもの場合はでんぷんに守られ、こわれにくい特長があります。とはいえ、カットしてからゆでたり煮たりすると水溶性の栄養素が失われやすくなってしまうので、皮をむかずまるごと電子レンジ調理するといいでしょう。加熱ムラが気になるという人は、じゃがいもを濡らしてからラップで包み、加熱途中で上下を返すとまんべんなく火が通りますよ。

スマッシュポテト

焼き目がついた外側はカリカリ、中身はホクホク。2つの食感が味わえる、皮まで美味なポテト料理です。そのままでもよいですが、サワークリームソースをつけていただくと酸味とコクが加わり、味わいがさらに深まります。

材料

じゃがいも……3個
オリーブオイル……適量
ハーブソルト……適量

Ⓐ
サワークリーム……100g
ハーブソルト……小さじ1
すりおろしにんにく……小さじ 1/2
レモン汁……小さじ 1/2

作り方

① オーブンは 200℃に予熱する。
② じゃがいもは水で濡らし、まるごとラップに包む。600w の電子レンジで3分加熱したら、上下を返してさらに3分加熱する。串を刺してみて固い場合は、様子を見ながら 10 秒ずつ追加加熱する。
③ ②の粗熱を取り、半分に切る。やけどに注意。
④ 天板にクッキングシートを敷き、③を皮側を上にして並べる。厚みが5mm 程度になるよう、コップの底などでつぶす。
⑤ ひとつひとつにオリーブオイルとハーブソルトをかけ、皮がカリッとなるまでオーブンで 30 分焼く。
⑥ Ⓐを混ぜてソースを作り、⑤とともに器に盛る。

ポイント じゃがいもはやわらかいスポンジで洗うと汚れが落ちやすいです。

焼きじゃがいものヨーグルトソースがけ

ボリューム満点の温かいサラダは、じゃがいもをしっかり焼いて香ばしさを出すのがポイントです。ドレッシングはヨーグルトでさっぱり＆ヘルシーに。たんぱく質もしっかり摂れるので、ダイエット中にもうってつけです。

材料

じゃがいも……2個
ブロッコリー……100g
たまご……2個
オリーブオイル……大さじ1
Ⓐ「ヨーグルト……大さじ2
　マヨネーズ……大さじ1
　すりおろしにんにく……小さじ1
　オリーブオイル……小さじ1
　砂糖……小さじ1
　塩……ひとつまみ

作り方

① じゃがいもは水で濡らし、まるごとラップに包む。600w の電子レンジで3分加熱したら、上下を返してさらに2分加熱する。串を刺してみて固い場合は、様子を見ながら10秒ずつ追加加熱する。
② ①の粗熱を取り、ひと口大に切る。
③ ブロッコリーは固めに火を通す。お好みの固さのゆでたまごを作る。
④ フライパンにオリーブオイルをひいて中火で熱し、②を焼く。
⑤ 片面がこんがり焼けたら裏返して端に寄せ、あいたスペースで③のブロッコリーも焼き目がつくまで焼く。
⑥ 器に⑤を盛り、1/4 に切ったゆでたまごをのせる。
⑦ Ⓐを合わせてドレッシングを作り、⑥にかける。

野菜

10

にんじん

廃棄率
10%
↓
0.0%

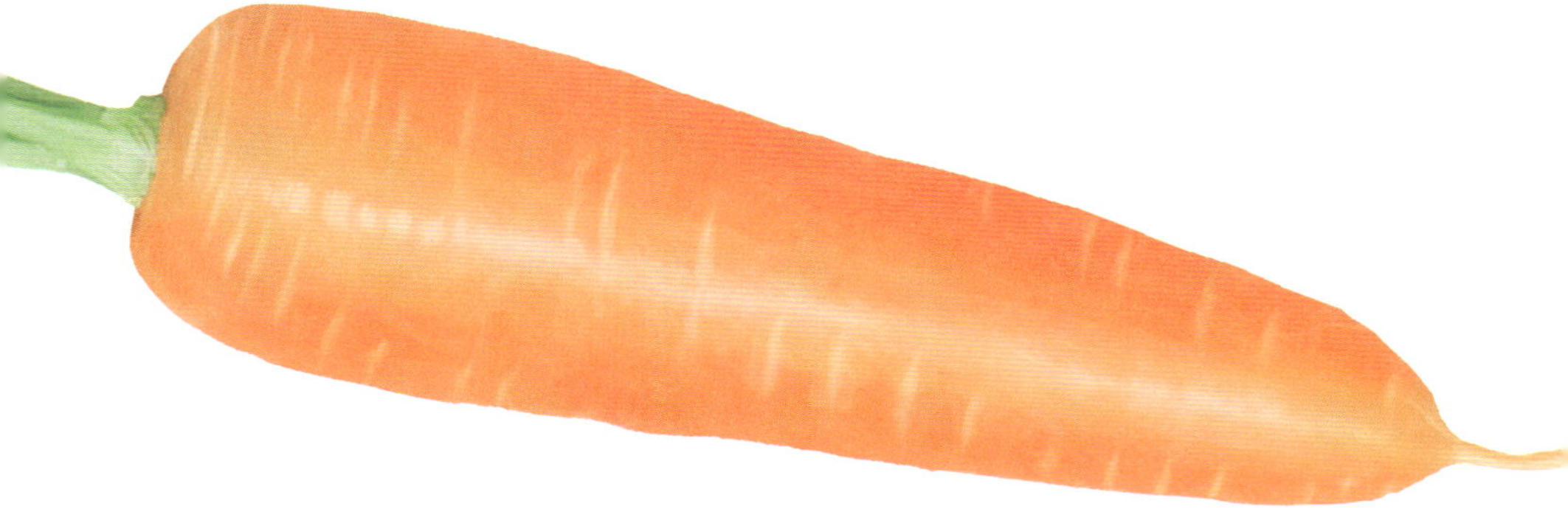

葉つきにんじんに出合えたらラッキー

にんじんは1年中手に入りますが、葉つきとなるとなかなか見つけるのが難しい野菜です。葉は水分が多く、収穫後はしおれやすいため、カットして販売していることがほとんど。もし葉つきにんじんに出合えたら、それは非常に鮮度が高いものと判断できます。春先と秋から冬にかけて、地場野菜・地産地消のコーナーなどにときどき登場するのでチェックしてみてください。購入後はすぐに葉と根を切り分けます。葉は軽く湿らせたキッチンペーパーに包み、保存袋に入れて冷蔵庫の野菜室で保存します。なるべく早く使い切るようにしましょう。

皮にも葉にも β-カロテンがたっぷり

にんじんは基本的に捨てるところがありません。皮はむく必要はありませんし、葉も苦味を活かした料理でおいしくいただけます。栄養素に関しても捨てるには惜しく、皮はβ-カロテンをもっとも多く含む部位です。葉に関しては100gあたり1,700μgものβ-カロテンが含まれており(※)、これはブロッコリーを上まわる含有量です。β-カロテンは油によって体内への吸収率が高まるので、揚げ物やソテー、ナムル、キャロットケーキなどもいいでしょう。

※ 葉をメインに食べる「葉にんじん」のデータ参照

皮ごとキャロットケーキ

にんじんを1本皮ごと使うキャロットケーキは、昔ながらの素朴な味わい。ホットケーキミックスで作ると簡単です。くるみ、レーズンを入れると本格的で食物繊維もたっぷり。シナモンパウダーの量はお好みで調整してください。

材料（奥行 18cm ×幅 18cm ×高さ 3.5cm のスクエア型使用）

にんじん……1本（150g）
ホットケーキミックス……1袋（150g）
たまご……1個
砂糖……大さじ2
サラダ油……大さじ2
牛乳……大さじ1
シナモンパウダー……お好みで小さじ 1/2 ～1
レーズン（p.155 参照）……30g
くるみ（ロースト）……30g
Ⓐ クリームチーズ……100g
　 砂糖……小さじ2
　 レモン汁……小さじ1

作り方

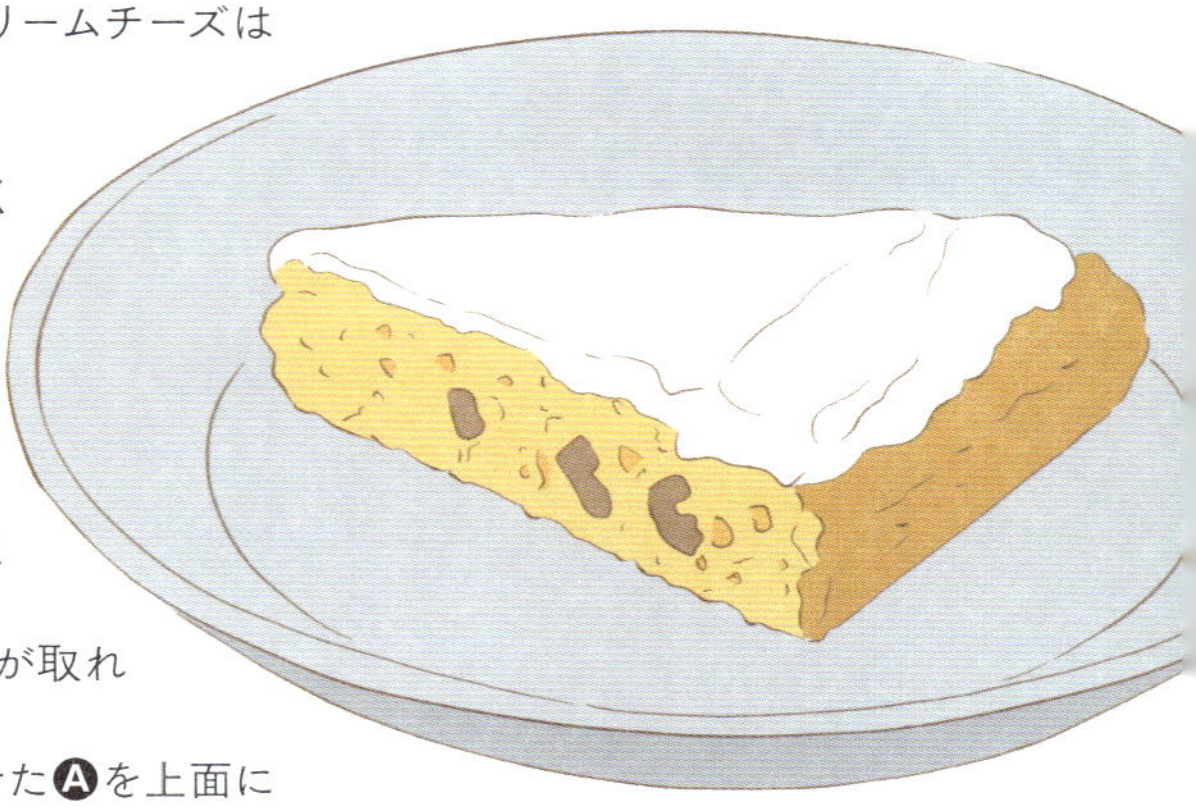

❶ オーブンは 170℃に予熱する。クリームチーズは常温に戻しておく。
❷ にんじんは皮ごとすりおろす。
❸ ボウルにたまごと砂糖を入れてよく混ぜ合わせ、サラダ油と牛乳を加えてさらに混ぜる。
❹ ❷を加えて混ぜ、ホットケーキミックスとシナモンパウダーも入れて混ぜる。
❺ レーズンとくるみを加えて混ぜ、型に流し入れ表面をならす。
❻ オーブンで 30 分程度焼き、粗熱が取れたら型からはずして冷ます。
❼ 完全に冷めたら、よく混ぜ合わせたⒶを上面に塗る。

ポイント パウンドケーキ型（奥行 22cm ×幅9cm ×高さ6cm 程度）を使っても、上記分量を焼くことができます。その際は焼き時間を少し長め（40 分前後）にしてください。

にんじんの葉のジェノベーゼ

本来はフレッシュバジルで作るジェノベーゼソースを、にんじんの葉で。加熱しないので葉の苦味が出にくいです。

材料（2人分）

Ⓐ
- にんじんの葉……60g
- オリーブオイル……大さじ4
- にんにく……1片
- いりごま（またはくるみ）……大さじ2
- 粉チーズ……大さじ2
- 塩……ふたつまみ

パスタ……2人分
粉チーズ、にんじんの葉……お好みで

作り方

① Ⓐをミキサーやブレンダーにかけ、ペースト状にする。まわりにくいときはオリーブオイルを適宜足す。
② ゆでたパスタに①を和える。お好みで粉チーズをふり、にんじんの葉を飾る。

ポイント 茎はやわらかければ使用できますが、固い場合は葉のみを使います。

にんじんの葉のかき揚げ

にんじん農家さんに聞いた、にんじんの葉のおすすめレシピです。苦味のある葉ですが、かき揚げにするとほとんど気になりません。しらすの香ばしさがたまりません。

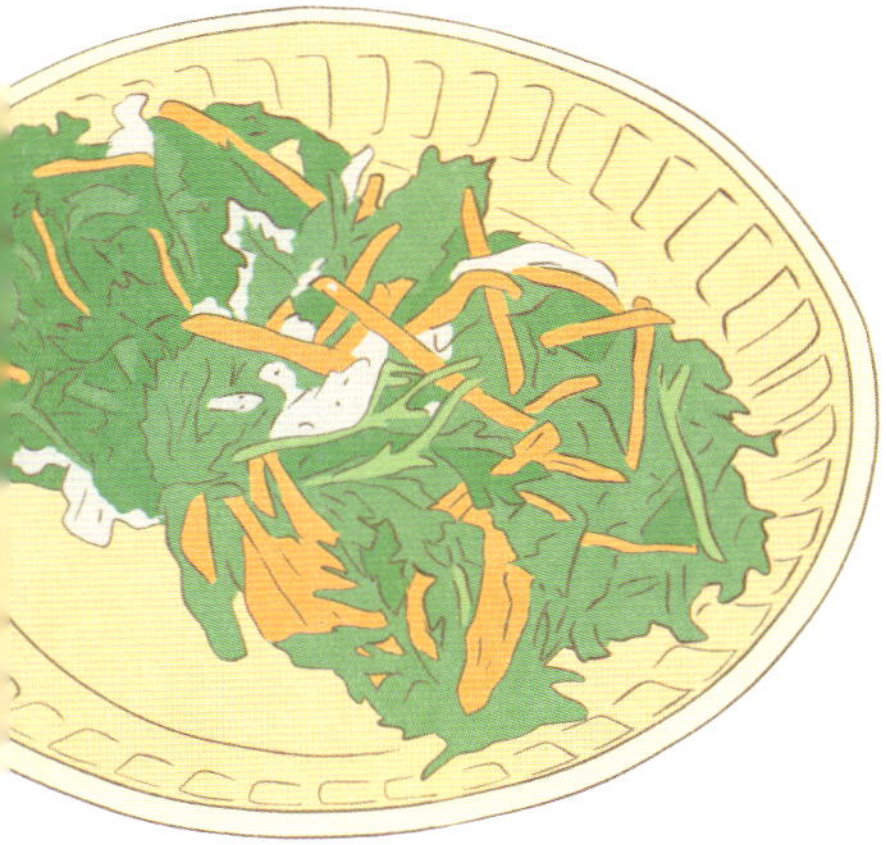

材料

にんじんの葉……50g
にんじん……50g
しらす……20g

Ⓐ
- 薄力粉……40g
- 片栗粉……40g
- 水……80cc

サラダ油……適量
塩、めんつゆなど……お好みで

作り方

① にんじんの葉は食べやすく3mm幅に切る。にんじんは千切りにする。
② Ⓐを混ぜ、①としらすを加えて混ぜる。
③ ②を適量取っておたまの上で形をととのえ、180℃の揚げ油にゆっくりとスライドさせる。両面をカラッと揚げる。

野菜

11

しょうが

廃棄率
20%
0.9%
※変色部分のみ廃棄

保存は水につけて。冷凍はまるごとでもOK

しょうがはその香りと辛みで、さまざまな料理の魅力を引き立てる唯一無二の存在感を放つ食材です。体を温めてくれるイメージがありますが、それだけではありません。食欲増進と消化を助ける作用があるので、夏バテや疲れているときによいですし、抗菌作用もあるため作りおきやお弁当などに使うことで品質を保ちやすくなります。しょうがを冷蔵保存する場合は袋から出し、保存容器に入れて水をつかる程度に入れておくと日持ちします。水は毎日変えてください。さらに長持ちさせたい場合は、まるごと冷凍保存も可能です。凍ったまますりおろすことができます。あらかじめすりおろしたり、千切り、みじん切りの状態でラップに包み冷凍する方法もあります。

皮付近には体を温めるジンゲロールが多い

しょうがには辛み成分、ジンゲロールが含まれ、血行促進によって一時的に体をぽかぽかと温めます。ジンゲロールを加熱するとショウガオールに変化し、内臓の働きを活発にして、体を内側から温めてくれます。冷えが気になる方々にとって心強い味方です。ジンゲロールは皮のすぐ下に多く含まれているので、皮ごと使うのがよいでしょう。また香り成分も皮付近に多いです。アルミホイルでこすると皮がむけすぎてしまうので、汚れはスポンジで落とします。

皮つきしょうがのしぐれ煮

甘辛味がごはんによく合う、しぐれ煮。しょうがを皮ごとふんだんに入れ、手頃な価格のこま肉や切り落としで作れます。汁気がなくなるまで煮詰めると冷めてもおいしいです。作りおきやお弁当のおかずにもおすすめ。

材料

牛肉（切り落としやこま切れ）
……200g
しょうが……2片
Ⓐ
- しょうゆ……大さじ1と1/2
- みりん……大さじ2
- 酒……大さじ2
- 砂糖……大さじ1

作り方

1. しょうがは皮ごと千切りにする。
2. 鍋に1とⒶを入れて強火にかけ、沸いたら中火にして牛肉を入れる。
3. ほぐしながら煮て、汁気がほとんどなくなるまで煮詰める。

皮ごとすりおろしたしょうが焼き

子どもから大人まで大人気のしょうが焼き。しょうがは皮ごとすりおろしたほうが、香りが豊かになります。豚肉は片栗粉をまぶしてから焼くひと手間がポイントで、肉にたれがからんでやわらかくなり、照りも出ます。

材料

しょうが……1片
豚肉（しょうが焼き用）……200g
片栗粉……適量
サラダ油……大さじ1

Ⓐ
しょうゆ……大さじ1
みりん……大さじ2
酒……大さじ1

キャベツ、きゅうり……適量

作り方

❶ キャベツときゅうりは千切りにする。しょうがは皮ごとすりおろす。
❷ 豚肉に片栗粉を薄くまぶす。
❸ フライパンにサラダ油をひいて中火で熱し、❷を両面焼く。
❹ Ⓐとしょうがを合わせてまわし入れ、からめながら炒める。
❺ 器に千切りキャベツときゅうり、❹を盛りつける。

ジンジャーチョコスコーン

焼き立てからしょうがの香りが広がる、ちょっと大人なスコーン。さわやかなしょうがの風味、甘くまろやかなチョコレートが絶妙にマッチ。しょうがには抗菌作用があるので、焼き菓子を長持ちさせるメリットもあります。

材料

しょうが……1片（20g）
ホットケーキミックス……1袋（150 g）
バター……30g
牛乳……30cc
板チョコレート……1枚（50 ～ 60g）

作り方

1. しょうがは皮ごとすりおろす。
2. ボウルに1cm 角に切ったバターを入れ、ホットケーキミックスと合わせて、ポロポロになるまで手で細かくつぶす。
3. 牛乳と❶を加えて、粉っぽさがなくなるまで手でまとめたら、砕いた板チョコレートを加え混ぜ合わせる。
4. 円形にととのえながら2cm の厚みにのばす。
5. 生地をラップに包み、冷蔵庫で 15 ～ 20 分休ませる。オーブンは 180℃に予熱する。
6. 生地を6等分に切る。
7. 天板にクッキングシートを敷き、❻を並べてオーブンで 15 分ほど焼く。

ポイント しょうがは香りが強いので、20g を目安にすると味のバランスがいいです。

野菜

12

ほうれん草

廃棄率
10%
0.0%

株元はマンガンが多く、赤いほど甘みが強い

ほうれん草は鉄分の多い野菜として知られていますが、そのほかにもβ-カロテンやビタミンC、葉酸も非常に豊富です。株元もすべて食べられ、特に骨形成に関わるマンガンが豊富。株元が赤ければ赤いほど甘みも強いので、捨てる選択肢はありません。固さが気になる場合は、株元に十字の切り込みを入れるとよいでしょう。また、ほうれん草はサラダ用の品種以外は生食には向きません。シュウ酸というアクの成分が多く、カルシウムの吸収を妨げるからです。ほうれん草1束（200g）に対して1リットルの熱湯、小さじ1程度の塩を入れてゆでるとよいですよ。

常夜鍋

毎晩食べても飽きがこないことから、その名がついたといわれる常夜鍋。ほうれん草は鍋にもぴったりの食材で、栄養分も申し分ありません。だし汁はこんぶがおすすめです。

材料

ほうれん草……2、3束
豚肉（薄切り）……300g
豆腐……適量
だし汁……1000cc
酒……100cc
ポン酢など……お好みで

作り方

① ほうれん草は株元に十字の切り込みを入れる。
② 大きめの土鍋にだし汁と酒を入れ、沸いたら豚肉を入れる。
③ 豚肉に火が通ったら豆腐を加え、ひと煮立ちしたらほうれん草を根元から入れる。
④ ほうれん草がやわらかくなったら火からおろし、ポン酢などお好みのたれでいただく。

まるごとほうれん草のサグカレー

人気のインドカレーを気軽に作れるよう、ご家庭にある調味料でアレンジ。ほうれん草の味がダイレクトに感じられる味つけに仕上げています。

材料

ほうれん草……1束（200g）
たまねぎ……1/2 個
鶏もも肉……200g
Ⓐ オリーブオイル……大さじ1
　 すりおろしにんにく……小さじ1
　 すりおろししょうが……小さじ1
カレー粉……大さじ1
コンソメ……小さじ1
水……150cc
粉チーズ……大さじ1
バター……20g
塩……適量
ガラムマサラ……お好みで

作り方

① ほうれん草は塩ゆでして水にさらし、水気をしぼってざく切りにする。
② ①をミキサーやブレンダーでペースト状にする。水分が足りずにまわらない場合は、水（分量外）を適宜足す。
③ たまねぎはみじん切りにする。
④ フライパンにⒶを入れ中火で熱し、香りが立ってきたら③を加えて、こげ茶色になるまでしっかり炒める。
⑤ ひと口大に切った鶏もも肉を加え、両面に焼き目がつくまで焼いたらカレー粉をふり入れ、さらに炒める。
⑥ 水とコンソメを入れ、蓋をして中火で蒸し焼きにする。
⑦ 鶏もも肉に火が通ったら、②のほうれん草ペーストを加え、さらに5分ほど煮込む。
⑧ 粉チーズとバターを加え、塩で味をととのえる。お好みでガラムマサラを入れる。

ポイント 事前にほうれん草を塩ゆでることで、緑色がきれいに出ます。

野菜

13

パプリカ

廃棄率
10%
2.1%
※ヘタのみ廃棄

栄養価の高さは野菜の中でもトップクラス

パプリカには赤、黄、オレンジがありますが、いずれもビタミンC含有量がトップクラス。赤パプリカで比較すると、レモンの１・７倍、ほうれん草の４・９倍ものビタミンCを含みます。β-カロテンに関しても１００gあたり１，１００μgと、ピーマン（４００μg／１００g）の２・８倍です。脂溶性であるβ-カロテンの吸収を促すなら、オイル入りドレッシングをかけたり、油を使って加熱調理したりするといいでしょう。ビタミンA・Eも多く、日常的に食べてほしい食材のひとつです。

種に含まれるピラジンは血のめぐり対策に

種にはピーマン同様、ピラジンという香り成分が含まれています。血栓対策のほか、血流にいい作用が期待できるので、ぜひ捨てずに料理に取り入れましょう。パプリカはピーマンよりも大きくて肉厚な実が特徴ですが、その割に種が少なかったり、小さかったりして意外と食べやすいですよ。種自体の苦みもそれほど強くありません。ひき肉と混ぜたり、いりごまと一緒に調理すると見た目においても無理なくいただくことができます。

夏野菜たっぷりラタトゥイユ

夏野菜たっぷりなうえに、パプリカを種やワタごと使った栄養満点の1皿です。フランス・プロヴァンス地方伝統の煮込み料理で、温かいのはもちろん、冷やしてもおいしいので、夏の常備菜にいかがでしょうか。

材料

パプリカ……1個
なす……1本
ズッキーニ……1本
たまねぎ……1/2 個
カットトマト……1缶（400g）
にんにく……1片
オリーブオイル……大さじ2
コンソメ……小さじ1
白ワイン……大さじ2
砂糖……お好みで大さじ 1/2
塩こしょう……少々

作り方

1. パプリカ（種・ワタごと）、なす、ズッキーニ、たまねぎはそれぞれひと口大に切る。
2. フライパンにオリーブオイルと、みじん切りにしたにんにくを入れて中火で熱し、香りが立ってきたらたまねぎを入れて炒める。
3. たまねぎが透き通ってきたらパプリカ、なす、ズッキーニを加えて、さらに炒める。
4. カットトマト、コンソメ、白ワインを加える。ひと煮立ちしたら弱火にして 15 分ほど煮込む。こげないよう、ときどき鍋底から大きく混ぜる。
5. 汁気が少なくなってきたら、塩こしょうで味をととのえる。

ポイント お好みで砂糖を加えるとトマトの酸味がやわらぎ、お子さんも食べやすいです。ローリエを入れて煮込むとより本格的な味わいに。

パプリカの種ごとガパオライス

ひき肉とバジルを使ったタイでポピュラーな料理・ガパオライス。実をまるまる1個分と、種とワタも刻んで使い、ヘルシーに仕上げました。生のバジルを使うと格別ですが、お手軽にドライバジルでも作ることができます。

材料（2～3人分）

パプリカ……1個
鶏ひき肉……200g
たまねぎ……1/2 個
にんにく……1片
オリーブオイル……大さじ1
ごはん……適量
バジルの葉……6、7枚
※ドライバジルならお好みで 10 ～ 15 ふり

目玉焼き……人数分

Ⓐ
- ナンプラー……大さじ1
- オイスターソース……大さじ1
- 鶏ガラスープの素……小さじ1
- 砂糖……小さじ1
- 豆板醤……お好みで

バジルの葉（飾り用）、黒こしょう……お好みで

作り方

① パプリカの実は1cm 角に切り、種とワタは粗く刻む。にんにくとたまねぎはみじん切りにする。
② フライパンにオリーブオイルとにんにくを入れて中火で熱する。香りが立ってきたらたまねぎを入れて炒め、透き通ってきたら鶏ひき肉を加え、さらに炒める。
③ パプリカを種・ワタごとすべて加えて炒め、火が通ったらⒶをからめながら炒める。
④ バジルの葉をちぎって加え、さっと全体を炒める。
⑤ 器にごはんを盛り、④をかけて目玉焼きをのせる。お好みで黒こしょうをふり、バジルの葉を飾る。

パプリカのバーニャカウダソース

パプリカを種・ワタごとまるまる1個使った濃厚なバーニャカウダソースです。赤パプリカを使うと、食欲をそそる色合いに。お好みの野菜と合わせていただきましょう。生クリーム不使用ですが、コクのある仕上がりです。

材料

パプリカ（赤）……1個
アンチョビ（オイルごと）……1缶（35g）
にんにく……4片
オリーブオイル……大さじ2
牛乳……200cc
塩こしょう……少々
お好きな野菜など……適量

作り方

1. パプリカは3cm 角に、にんにくは半分に切る。
2. 小鍋にアンチョビのオイルとオリーブオイル、にんにくを入れ中火で熱し、香りが立ってきたらパプリカを加えて炒める。
3. 牛乳を加え沸騰直前になったら弱火にし、ことこと煮込む。
4. にんにくがスプーンでつぶせるくらいやわらかくなったら、アンチョビをほぐして加える。
5. ブレンダーなどでペースト状にし、弱火でさらに煮詰める。
6. 混ぜたときに鍋底が見えるくらいもったりしたら、塩こしょうで味をととのえる。

ポイント きゅうりやだいこん、火を通したブロッコリーやじゃがいも、バゲットなどにつけてお召しあがりください。

野菜

14

れんこん

廃棄率
20%
4.3%
※変色部分のみ廃棄

縁起を運んでくれる食感が魅力の野菜

れんこんはお祝いの席によく使われますが、これは穴があいていて「見通しがきく」との意味合いからきています。調理の仕方で食感が変わるのが魅力で、薄くスライスすればシャキシャキ、すりおろせばとろとろしたり、もっちりしたりと、さまざまな歯応えや喉ごしを楽しむことができます。れんこんは切り口が空気にふれるとポリフェノールのタンニンが酸化し、黒く変色します。白さを活かした料理を作る場合には、切ったそばから酢水に10分ほどつけると変色が避けられます。歯応えがよくなるメリットもありますよ。

皮のポリフェノールは実の2倍、節は5倍！

れんこん100gあたりのビタミンC含有量は48mg、食物繊維は2・0g。どちらもじゃがいもの1・7倍の含有量です。じゃがいもと同じくでんぷんを含むので、ビタミンCが熱でこわれにくい特性もあります。また、ある研究結果によると、皮に含まれるポリフェノール量は実の約2倍、節にいたっては約5倍もの含有量があるそうです。基本的に皮はむかずにそのまま調理しても違和感なく食べられます。節は細かく刻んだり、おろしたりするとよいでしょう。白い色味を大切にしたいハレの日のごはんでなければ、皮も節もぜんぶまるごといただきたいですね。

野菜

皮つきれんこんチップス

れんこんを皮ごとチップスに。皮をむく手間がない分、時短が叶います。こがさず作るコツは、冷たい油からじっくり揚げる工程。スライスが薄めだとパリパリ、厚めだとザクザクに仕上がります。お好みで作ってみてくださいね。

材料

れんこん……1節（180g）
サラダ油……適量
塩……適量

作り方

① れんこんは皮ごと2～5mm幅の輪切りにする。
② 鍋に①を入れサラダ油がひたひたになるまで注ぎ、中火にかける。冷たい状態からじっくり揚げていく。
③ 両面にこんがり色がついたられんこんを取り出し、塩をふっていただく。

ポイント こんがり揚げるので、酢水にさらす必要はありません。

れんこんもちの磯辺焼き風

皮も節もぜんぶ使った、もっちもちのヘルシーおかず。れんこんのねばり成分を活かして作ります。食物繊維たっぷりで、焼きのりの磯の香りが甘辛い味つけによく合います。手でパクッと食べられるので、小さなお子さまにも。

材料

れんこん……1.5 節（270g）
片栗粉……20g
塩……ひとつまみ
サラダ油……大さじ２

Ⓐ
- しょうゆ……大さじ1
- みりん……大さじ1と1/2
- 砂糖……小さじ1

焼きのり……適量

作り方

❶ れんこんは５枚のみ２mm 程度の輪切りにして、酢水に 10 分ほどさらし、水気を拭き取る。
❷ 残りのれんこんはすべてすりおろしてボウルに入れる。片栗粉と塩を混ぜ、５等分にしてまるめる。
❸ ❷の上に❶の輪切りのれんこんをのせてぎゅっと押さえつけ、形をととのえる。
❹ フライパンにサラダ油をひいて中火で熱し、❸を両面こんがりと焼く。
❺ Ⓐをまわし入れ、からめながら焼く。
❻ 照りが出てきたら火を止め、焼きのりで包む。

まるごとれんこんと梅のみぞれ汁

れんこんを皮や節ごとすりおろします。水溶性食物繊維が水分を吸うとゲル状になり、自然なとろみがつきますよ。れんこんは金属（特に鉄）にふれると黒く変色することがあります。色味を活かしたい場合は、ホーローやアルミ製のものを使いましょう。

材料

れんこん……1節（180g）
梅干し……1個
だし汁……500cc
しょうゆ……小さじ1/2
梅干し、小ねぎ、かつおぶし……適量

作り方

① 梅干しは種を取り、果肉をたたく。
② れんこんは皮や節ごとすりおろす。
③ 鍋にだし汁と②を入れて強火にかけて、沸いたら弱火にする。
④ ①を加え、しょうゆで味をととのえる。
⑤ 器に盛り、お好みで梅干し、小ねぎ、かつおぶしをトッピングする。

皮ごとジャーマンれんこん

ジャーマンポテトならぬ、ジャーマンれんこんは、噛み応えのある食感が自慢。焼き目がつくまでじっくり炒めるのが、おいしく作るコツです。オリーブオイルと塩こしょうだけのシンプルな味つけですが、ウインナーから出た肉汁もからみ箸が進みますよ。

材料

れんこん……1節（180g）
ウインナー……1袋（100g）
オリーブオイル……大さじ1
塩こしょう……少々

作り方

① れんこんは皮ごと1cm幅の半月切り、またはいちょう切りにして、酢水に10分ほどさらして水気を切る。ウインナーは斜め半分に切る。
② フライパンにオリーブオイルを入れて中火で熱し、れんこんを炒める。両面に焼き目がついたらウインナーを加えてさらに炒める。
③ 塩こしょうで味つけする。

野菜

15

はくさい

廃棄率
6%
3.0%
※株元と変色部分のみ廃棄

鍋料理がおいしいのは はくさいのおかげ？

はくさいには淡白そうなイメージがありますが、うま味成分のグルタミン酸が野菜の中でかなり多いほうです。肉や魚に含まれる、同じくうま味成分のイノシン酸と組み合わせると、相乗効果によりうま味が強くなります。また、はくさいは葉脈が大きいので、だしやスープをたっぷりと溜められます。鍋料理にはくさいが欠かせないのはこんな理由があるからなのです。煮込んでもいいですが、生で食べるのもおすすめです。浅漬けのほか、サラダにしていただくとシャキシャキでおいしいですよ。特に旬のもの（11～2月頃）は甘みが強いので、ぜひお試しください。

はくさいの和風コールスロー

はくさいは生で食べてもおいしいです。その際は、塩をふって少し水を出してあげると味の通り道ができてなじみがよくなり、時間をおいても水っぽくなりづらいです。

材料

はくさい……1/4 個
ハム……1パック（4枚）
塩……小さじ 1/3
マヨネーズ……大さじ2
Ⓐ かつおぶし……1袋(3g)
いりごま……小さじ2
しょうゆ……小さじ 1/2

作り方

1. はくさいとハムは5mm 幅に切る。はくさいに塩をまぶし、10 分おいて水気をしぼる。
2. ボウルに1とマヨネーズを入れてよく混ぜ合わせたら、Ⓐを加えて混ぜる。

黒い斑点はポリフェノール。食べても問題なし！

はくさいは中心部の固い株元以外はすべて食べられます。株元ギリギリのところを1枚ずつ切ると廃棄率を下げられます。内側の葉より少し緑っぽい外葉。これは日光を浴びているからで、内側よりも多くのビタミンCを含みます。多少の固さはありますが、少し長めに火を入れればおいしく食べられます。また葉にポツポツと黒い斑が見られることがありますが、これはカビや虫などではなく、ポリフェノールの一種が葉に現れたもの。なんの害もありません。ポリフェノールは苦味成分でもあるので、甘みは少々薄れますが、通常の葉と同じように調理可能です。

野菜

はくさいといかの中華炒め

はくさいといか、ともにうま味成分が多い食材を炒め、とろりとしたあんかけでいただきます。お好みでうずらのたまごやきのこ、豚肉を入れて、具だくさんにすれば八宝菜風にもなります。ごはんにのせて丼にするのもいいですね。

材料

はくさい……1/4 個
冷凍いか……250g
にんじん……30g
ごま油……大さじ1

Ⓐ
酒……大さじ1
しょうゆ……小さじ1
鶏ガラスープの素……小さじ1
片栗粉……小さじ1

作り方

1. 冷凍いかは解凍し、水気を拭き取る。
2. はくさいは3cm 幅に切る。にんじんは短冊切りにする。
3. フライパンにごま油をひいて中火で熱し、1を炒める。
4. 色が変わってきたらにんじん、はくさいの芯を先に入れて炒める。しんなりしたらはくさいの葉を入れ、さっと炒める。
5. 野菜がやわらかくなったら火を止め、よく混ぜ合わせたⒶを加えて混ぜ合わせる。再度中火にかけ、混ぜながらとろみがつくまで煮る。

ポイント ダマにならないように、いったん火を消してから調味料を入れましょう。

はくさいのポトフ

キャベツで作るのが定番ですが、はくさいのポトフも葉と芯にたっぷりスープがしみ込んでおいしいです。外葉の使用にも向きます。ウインナーなど動物性食品を加えると、グルタミン酸とイノシン酸の相乗効果でうま味がアップ。

材料

はくさい……1/4個
にんじん……1本
じゃがいも……2個
たまねぎ……1個
ウインナー……1袋（100g）
水……600cc
コンソメ……小さじ2
塩……少々

作り方

❶ はくさいは3cm幅に切る。にんじんは皮ごと大きめの乱切りにする。たまねぎは4等分、じゃがいもも皮ごと4等分にする。
❷ 鍋に❶と水、コンソメを入れて強火にかけ、沸いたら弱火にして10～15分煮る。にんじん、たまねぎを鍋底のほうに入れると火の通りがよい。
❸ ウインナーを加え、野菜がやわらかくなるまでさらに煮込み、塩で味をととのえる。

ポイント はくさいの株元やにんじんのヘタからもだしが出るので、一緒に煮込みましょう。やわらかくなるまで火を通せば、食べることもできます。

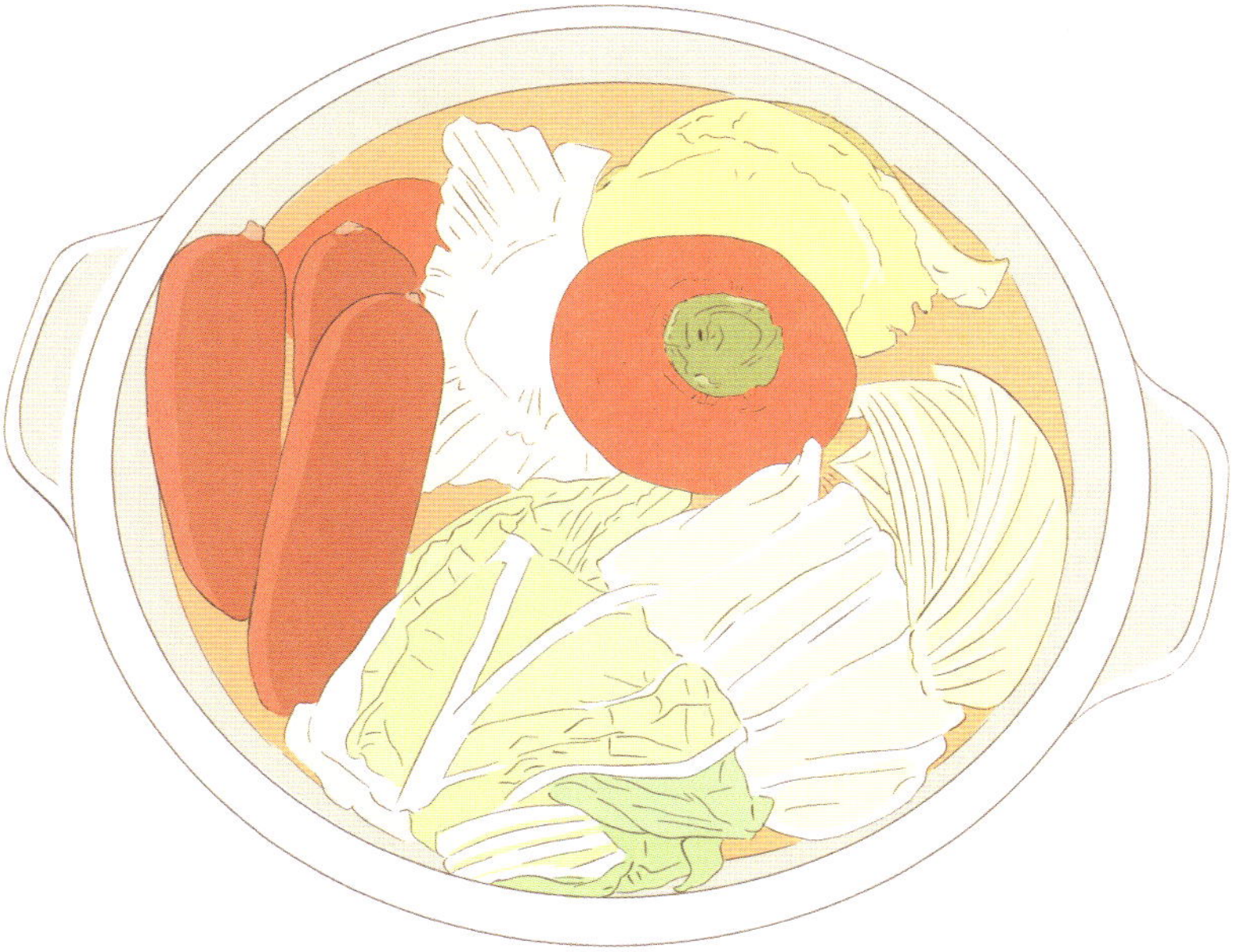

野菜

16

さつまいも

廃棄率

9%

1.0%

※両端のみ廃棄

甘みが足りない さつまいもは熟成させる

鹿児島県（薩摩）から広まり全国で親しまれている、さつまいも。その品種は日本だけでも１００種類以上あるといわれています。近年は紅はるかや安納芋、シルクスイートなどが人気です。

さて、旬のさつまいもを買ったのに甘くなかった、芋掘りで採ったものがおいしくなかった、という経験がある方もいるかもしれません。さつまいもは貯蔵・熟成により甘みが増しますから、掘りたては甘くないのです。家で追熟するには、2～3日天日干しをしたあとに新聞紙などにくるみ、1か月ほど寝かせておきます。適温は13～14℃です。また芽が出たさつまいもは食べることができます。じゃがいもと違って芽に毒性はありません。

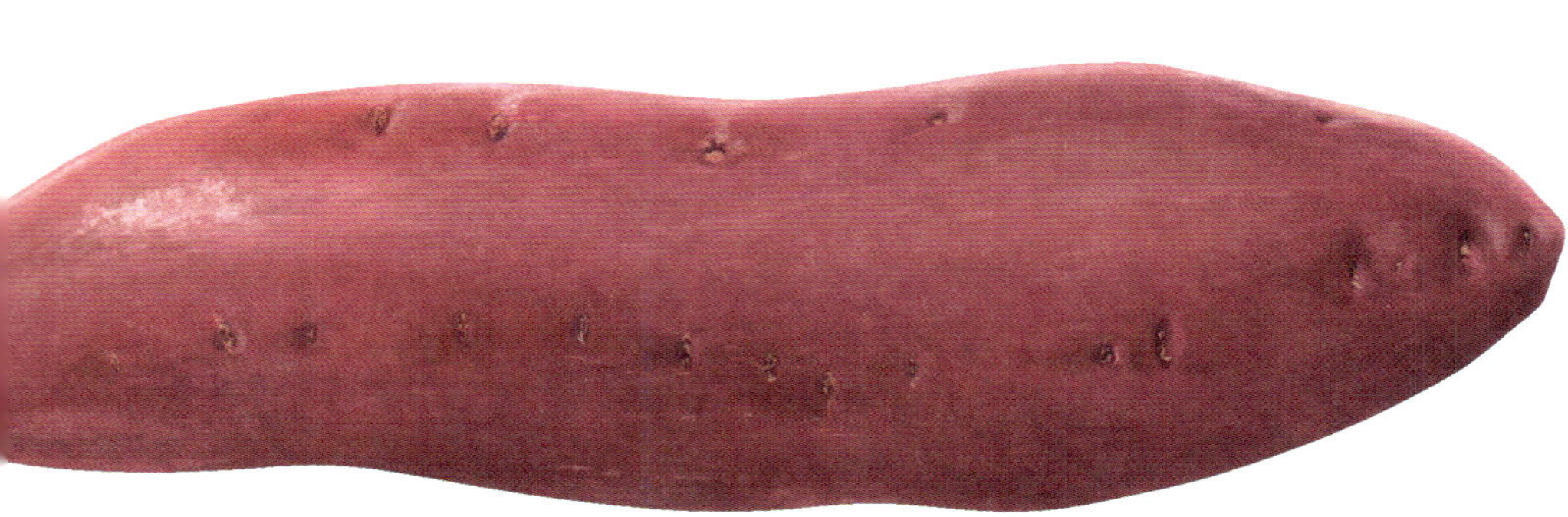

鬼まんじゅう

鬼まんじゅうは名古屋を中心とした東海地方に根づく和菓子です。もともと、主食のごはん代わりに食べられていました。まんじゅうと名がつくものの、粉をふるったりまるめたりする手間がなく、簡単に作ることができます。

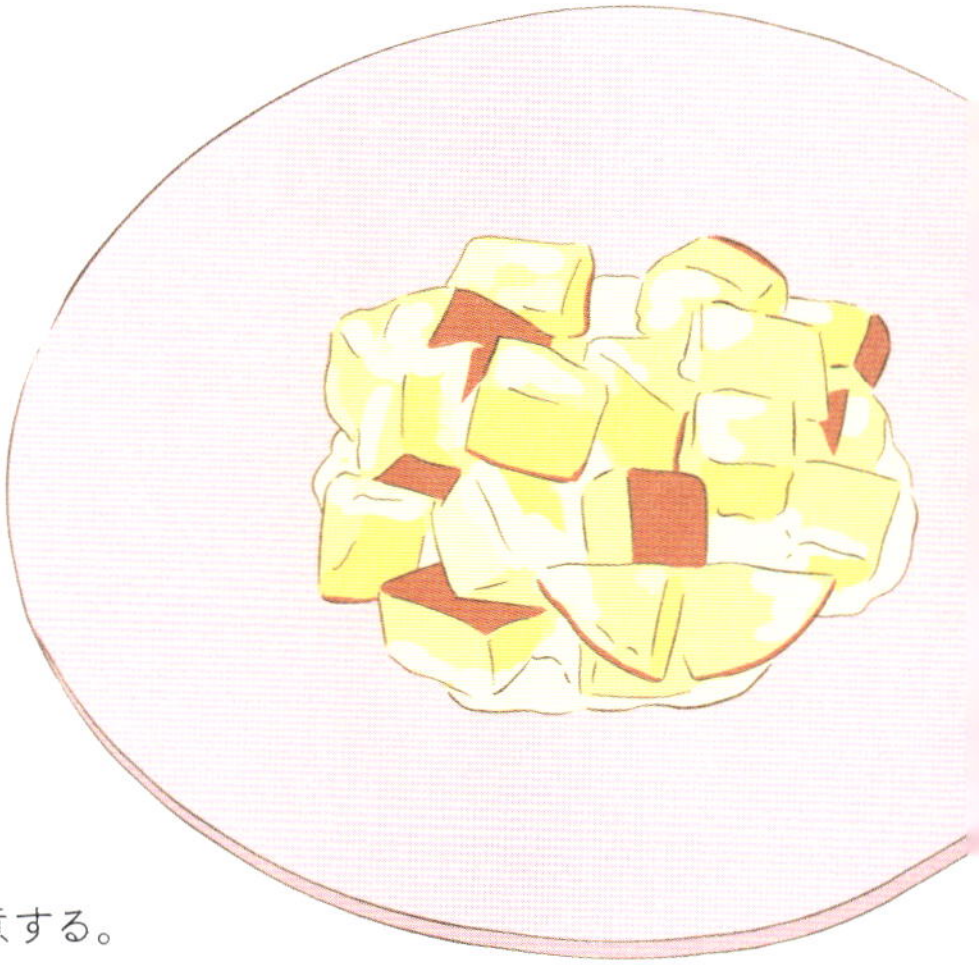

材料（8個分）

さつまいも……1/2 本（150g）
砂糖……30g
塩……ひとつまみ
薄力粉……50g
水……大さじ３

作り方

1. 7cm 角に切ったクッキングシートを８枚用意する。
2. さつまいもは皮ごと7～8mm 角に切る。水にはさらさない。
3. ボウルに2を入れ砂糖と塩をまぶし、水分が出てくるまで 15 ～ 30 分おく。
4. 蒸し器を沸かす。
5. 3に薄力粉と水を加えよく混ぜる。薄力粉はふるわなくてもよい。
6. ダマがなくなったら、大きめのスプーンですくい、クッキングシートにのせる。
7. 蒸し器に入れ、20 分ほど蒸す。電子レンジの場合は４つずつ耐熱皿にのせ、ふんわりとラップをして 600w で２分 30 秒加熱し、そのまま２～３分蒸らす。

皮にはアントシアニン 皮近くにはヤラピン

皮にはポリフェノールの一種であるアントシアニンが含まれます。抗酸化作用があり、眼精疲労の緩和も期待できます。特に実まで色づいている紫いもは、アントシアニン含有量が高いです。

また、さつまいもにはバナナの2倍以上の食物繊維が含まれます。食物繊維は便秘対策に役立ちますが、皮と実の間にも便通を助ける働きのあるヤラピンという成分が含まれるので、相乗作用が期待できます。皮は蒸す、煮る、揚げると気になりません。焼き芋もさっと水にくぐらせてラップで包み、レンジ加熱すると皮ごと食べやすくなります。

さつまいもと鶏肉のシュクメルリ

シュクメルリはヨーロッパの中で一番アジアに近い国、ジョージアの料理です。さつまいもを皮ごとごろごろ入れます。シチューのような見た目ですが、にんにくとチーズがたっぷり。仕上げのレモン汁で全体の味が引きしまります。

材料

さつまいも……1/2本（150g）
鶏もも肉……200g
オリーブオイル……大さじ1
にんにく……1片
水……50cc
白ワイン……50cc
コンソメ……小さじ1
薄力粉……大さじ1
牛乳……300cc
ピザ用チーズ……30g
バター……20g
レモン汁……大さじ1/2
塩……少々
ドライパセリ……お好みで

作り方

1. さつまいもは皮ごと乱切りにする。鶏もも肉はひと口大にカットする。
2. フライパンにオリーブオイルをひいて中火で熱し、鶏もも肉を両面こんがりと焼く。
3. さつまいもを入れて炒めたら、にんにく、水、白ワイン、コンソメを加え蓋をして沸かし、弱火から中火で蒸し煮をする。
4. さつまいもとにんにくがやわらかくなったら、フォークなどでにんにくをつぶす。
5. 弱火にして薄力粉をふるい入れ、粉っぽさがなくなるまで混ぜる。
6. 牛乳、ピザ用チーズ、バターを加え、混ぜながら中火で煮る。とろみがついたらレモン汁と塩で味をととのえる。
7. 器に盛り、お好みでドライパセリをふる。

さつまいもとまいたけのアヒージョ

さつまいもをオイルが冷たい状態から入れ、徐々に火を入れます。こうすることで甘みが増し、ねっとり食感に。オイルもまいたけやにんにくから風味が溶け出しておいしいので、バゲットなどにつけてお楽しみください。

材料

さつまいも……1/3 本（100g）
まいたけ……1/2 ～1袋
オリーブオイル……適量
Ⓐ にんにく……1片
　 塩……ひとつまみ
　 鷹の爪（輪切り）……適量

作り方

1. さつまいもは皮ごと乱切りにする。まいたけは食べやすくほぐす。にんにくは縦半分に切る。
2. スキレットに①とⒶを入れ、具材がひたひたにつかるまでオリーブオイルを注ぐ。
3. さつまいもがやわらかくなるまで弱火でことこと煮込む。

ポイント まいたけはお持ちのスキレットにおさまる量をお使いください。

さつまいものレモン煮

レモン汁を合わせることによって、甘煮よりもさっぱり、さつまいもの黄色もきれいに出ます。そのままだと大味のさつまいもでもおいしく仕上がります。

材料

さつまいも……1本（300g）
Ⓐ みりん……大さじ2
　 砂糖……大さじ1
　 レモン汁……小さじ2
　 水……300cc

作り方

1. さつまいもはサイズによって皮ごと1cm 幅の輪切り、またはいちょう切りにする。
2. 鍋にさつまいもとⒶを入れて沸かし、やわらかくなるまで弱火で煮る。

野菜

17

レタス

廃棄率
16%
3.0%

※外葉つき実測値で比較。株元のみ廃棄

サラダ界の人気者は栄養面でも頼もしい

レタスはその食感とみずみずしさ、洗ってちぎるだけで食べられる手軽さから、サラダにははずせない人気の野菜です。栄養面でもカリウム、β-カロテン、ビタミンK、葉酸、食物繊維など幅広く含みます。重いものは育ちすぎて葉が固いものが多いので、見た目の割に軽く巻きがふわっとしているものを選びましょう。また、ここ十数年でリーフ系レタスの種類も増え、市民権を得ています。β-カロテンの含有量が600μg/100g以上のものが緑黄色野菜と定められていますが、サニーレタスやリーフレタスには100gあたり2,000μg以上のβ-カロテンが含まれています。

外葉はどんな料理にも合うオールラウンダー

サニーレタスなどは外葉の概念がなく、すべての葉が食べられていますが、レタスにおいては少し固めの外葉を捨ててしまうケースもあるようです。文部科学省公表の資料でレタスの廃棄率は2%。これは基本的に外葉もすべて食べると想定した数値です。実際に売られているレタスで計量したところ、外葉と株元を捨てることで16%の廃棄率となりました。色の濃い部分はおしなべてβ-カロテンやミネラルなどの栄養素が多いので、おいしく食べ切りましょう。固さが気になる場合はさっと火を通すとシャキシャキして、レタスの違う一面が引き出されます。

グリルきのこのレタスサラダ

シャキシャキのレタスに、炒めたきのことベーコンをたっぷりのせます。生では食べにくいレタスの外葉も一緒に炒めて無駄なく活用しましょう。

材料

レタス内葉……2、3枚
レタス外葉……1、2枚
お好みのきのこ……100g
ハーフベーコン……1パック（35g）
にんにく……1/2片
オリーブオイル……大さじ2
塩こしょう……少々
レモン汁……お好みで

作り方

1. レタスの内葉・外葉はそれぞれちぎる。きのこはほぐすか、適宜切る。ベーコンは1cm幅に切る。にんにくは薄くスライスする。
2. フライパンににんにくとオリーブオイルを入れ中火で熱し、香りが立ってきたらベーコンときのこを炒める。
3. きのこがしんなりしてきたらレタスの外葉を加えてさっと炒め、塩こしょうをふる。
4. 器にレタスの内葉を盛り、3をソースごとかける。お好みでレモン汁をかける。

レタスの外葉でカニカマあんかけ炒飯

外葉の濃い緑色とカニカマの赤色が映えるあんかけ炒飯です。あっさりしたあんかけが、炒飯とよく合います。レタスの外葉はごま油と塩でさっと炒めると色が変わりにくく、シャキシャキの食感も活かせます。

材料（1人分）

レタスの外葉……1枚
塩……ひとつまみ
ごま油……小さじ1
たまご……1個
ごま油……大さじ1
ごはん……150g
塩こしょう……適量
カニカマ……2本
水……150cc
鶏ガラスープの素……小さじ1
水溶き片栗粉……適量（片栗粉1：水2の割合）

作り方

1. レタスの外葉は食べやすくちぎる。
2. フライパンにごま油小さじ1をひいて中火で熱し、1を入れ塩をふる。軽く炒めたら、皿などに取り出しておく。炒めすぎないように注意。
3. フライパンにごま油大さじ1を足して溶きたまごを加え、半熟のうちにごはんを入れる。ごはんがパラパラになるよう炒め混ぜたら、2のレタスを半量入れ、塩こしょうで味をととのえる。
4. あんかけを作る。カニカマは食べやすくさく。
5. 小鍋に水、鶏ガラスープの素を入れ火にかけ、沸いたら水溶き片栗粉でとろみをつけてひと煮立ちさせる。
6. 3の炒飯を器に盛り、5のあんかけをかけて残りのレタスをちらす。

レタスの外葉で包むえびしゅうまい

しゅうまいの皮にレタスの外葉を、具材にはえびと鶏ひき肉を使ったヘルシーなえびしゅうまいです。えびは細かくしすぎないほうが、ぷりっと存在感があっておいしいです。加熱調理はせいろでも、電子レンジでもお好みでOK。

材料（12個分）

レタスの外葉（しゅうまいの皮用）
……2、3枚
むきえび……150g
鶏ひき肉……200g
たまねぎ……1/4個

Ⓐ
- ごま油……大さじ1
- 片栗粉……大さじ1
- すりおろししょうが……小さじ1
- 鶏ガラスープの素……小さじ1/2

レタスの外葉（クッキングシート用）……適量

作り方

① むきえびは1cm角に切る。たまねぎはみじん切りにする。
② ボウルに①と鶏ひき肉、Ⓐを入れてよく混ぜ、肉だねを作る。
③ レタスの外葉（しゅうまいの皮用）は1/6～1/4にちぎり、12枚分の皮を作る。②をスプーンでひと口大に取って包む。
④ 蒸し器にレタスの外葉（クッキングシート用）を小さめにちぎって敷き、③を並べて15分ほど蒸す。電子レンジ調理の場合は耐熱容器に③を並べ、ふんわりとラップをして600w 7分加熱し、そのまま2～3分蒸らす。

ポイント クッキングシート代わりに敷いたレタスの外葉も、えびしゅうまいと一緒にいただきましょう。

野菜

18

かぶ

葉に含まれる鉄分量は
ほうれん草より多い

廃棄率
40%
0.0%

※葉つきのかぶの場合

かぶは根も葉もクセが少なく、食べやすい食材です。しかし、そのあっさりとした味からは想像できないほど栄養豊富です。根にはアミラーゼが含まれますが、この成分は消化酵素の一種で、でんぷんを速やかに分解し消化効率を向上させるので、胃薬などに使われています。アミラーゼは熱に弱いため、生での摂取をおすすめします。そして葉は多くの栄養素において、根よりも豊富です。鉄分が摂れる野菜といえばほうれん草のイメージを持つ方もいるかと思いますが、葉にはほうれん草以上の鉄分が含まれますから無駄なく使い切りたいですね。

かぶの葉ごと生ハムサラダ

シンプルな味つけが、みずみずしいかぶと生ハムのまろやかなうま味を引き出します。かぶの葉は塩もみしてから使うとよくなじみ、食べやすくなりますよ。

材料

かぶ（葉つき）……2個
塩……ひとつまみ
生ハム……5、6枚（40g）

Ⓐ
- オリーブオイル……大さじ1
- レモン汁……小さじ1
- 塩こしょう……少々

作り方

1. かぶは葉と根に分ける。葉は4～5cm幅に切り、塩をまぶして5分おき、水気を切る。根は2mmほどの輪切り、またはいちょう切りにする。
2. かぶの葉と根、Ⓐを和え、生ハムをちぎって加える。

葉は緑黄色野菜。β-カロテンはトマトの5倍以上！

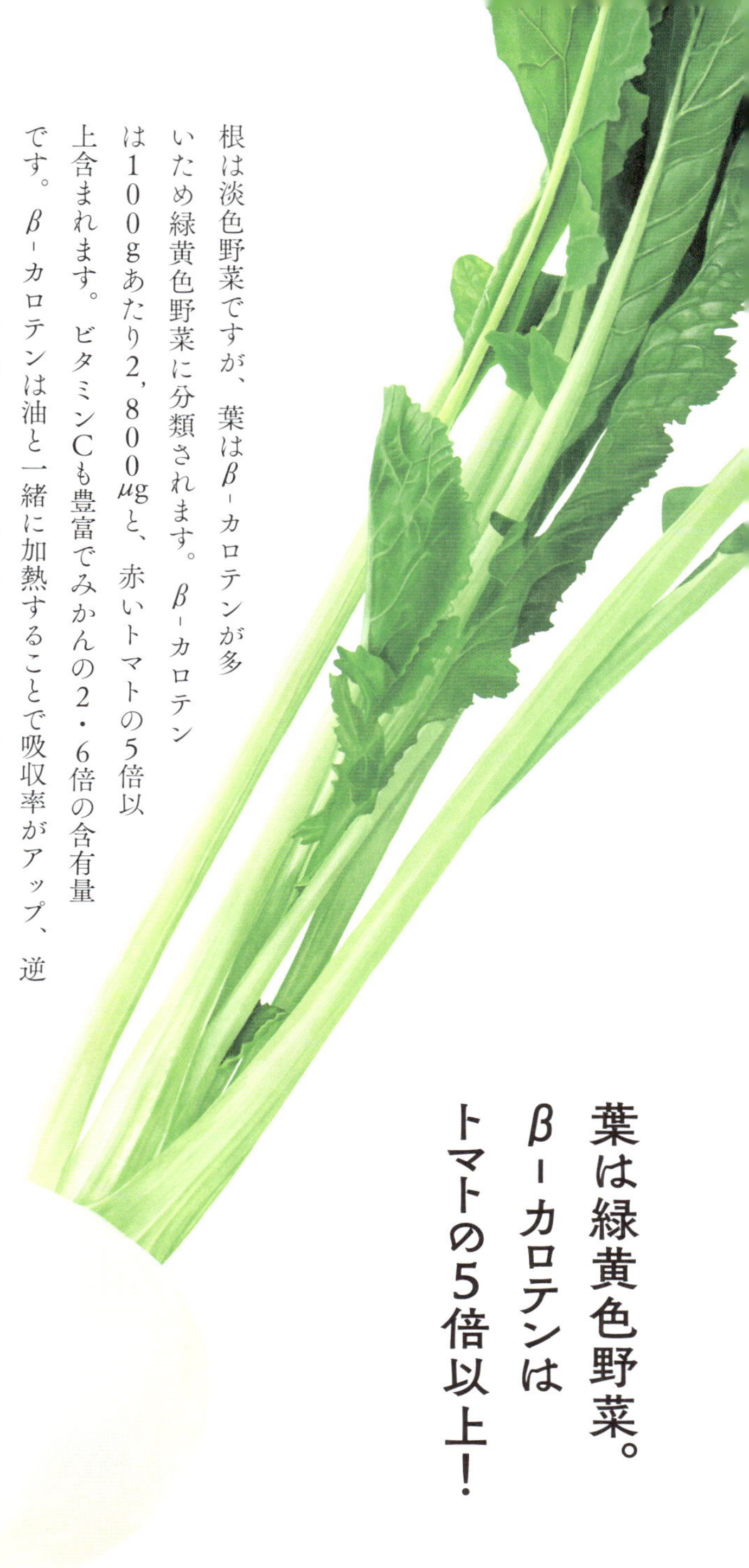

根は淡色野菜ですが、葉はβ-カロテンが多いため緑黄色野菜に分類されます。β-カロテンは１００ｇあたり２，８００μｇと、赤いトマトの5倍以上含まれます。ビタミンCも豊富でみかんの2・6倍の含有量です。β-カロテンは油と一緒に加熱することで吸収率がアップ、逆にビタミンCは加熱によりこわれやすくなります。β-カロテンを摂りたいなら油で調理する炒め物で、ビタミンCを摂りたいならサラダなどの生食で、と覚えておきましょう。かぶの旬は3〜4月頃と10〜12月頃の年2回。葉のつけ根周辺も爪楊枝などを使ってきれいに汚れを落とせば食べられますから、葉つきのかぶを見かけたらぜひ手に取ってみてくださいね。

かぶとウインナーのマスタードソテー

ウインナーから出たジューシーなうま味がかぶにからみ、粒マスタードの酸味が料理全体にさわやかさをプラスしてくれます。シンプルなレシピですが大満足間違いなしの1皿です。葉を入れれば栄養価と彩りもアップしますよ。

材料

かぶ（葉つき）……2個
ウインナー……1袋（100g）
粒マスタード……大さじ 1/2
コンソメ……小さじ1
オリーブオイル……大さじ1
黒こしょう……お好みで

作り方

1. かぶの根は食べやすい大きさ（縦に 1/8 から 1/4）に切る。葉は長さ3cm のざく切りにする。ウインナーは斜め半分に切る。
2. フライパンにオリーブオイルをひいて中火で熱し、かぶの根を両面こんがり焼く。
3. ウインナーを加えて炒めたら、かぶの葉を入れてさっと炒める。
4. 粒マスタード、コンソメを入れて全体を炒め合わせる。
5. 器に盛り、お好みで黒こしょうをふる。

ポイント かぶは火の通りが早いのでさっと調理できます。かぶは小さいものから大きいものまで個体差があるので、お好みの大きさに切ってください。おかずにもおつまみにもなりますから、ぜひお試しを。

かぶのまるごと海鮮クリーム煮

かぶをまるごと使った、体があたたまるクリーム煮です。シーフードミックスからうま味がたっぷり出て、淡白なかぶが濃厚な味わいに。ごはんやパンと合わせてどうぞ。かぶを小さめに切り、パスタやグラタンのソースにしても。

材料

かぶ（葉つき）……2個
シーフードミックス……1袋（160g）
バター……20g
薄力粉……大さじ1
牛乳……200cc
コンソメ……小さじ1
塩……ひとつまみ

作り方

1. シーフードミックスは解凍し、水気を拭き取る。
2. かぶの根は食べやすい大きさ（縦に1/8から1/4）に切る。葉は長さ3cmのざく切りにする。
3. フライパンにバターを入れて中火で溶かし、かぶの根を炒める。
4. ❶を加えてさらに炒め、火が通ったらかぶの葉も追加してさっと炒める。
5. 弱火にして薄力粉をふり入れ、粉っぽさがなくなるまで混ぜたら、牛乳とコンソメを加え中火にする。
6. ゆっくり混ぜながら煮て、かぶがやわらかくなりとろみがついたら、塩で味をととのえる。

ポイント シーフードミックスは解凍せずに使うと料理が水っぽくなるので、解凍して水気をしっかり拭き取ります。

野菜

19

えのき

廃棄率
15%
9.6%

※おがくず周辺のみ廃棄

包丁で切らない！捨てるのはおがくずだけ

えのきは根元から数センチ上を包丁で切り落として使う方も多いでしょう。この方法だと、食べられる部分を多く捨ててしまうことになります。使う分を手に取り、根元についているおがくずをほぐすようにして取りのぞきます。こうするとほとんどの部分を食べることができます。きのこは基本的に洗いませんが、細かいおがくずの部分だけをさっと水洗いしてください。包丁で切る場合でも根元から数ミリ程度で大丈夫です。根元の詰まっている部分は、その形を活かしてステーキにするのもいいですし、ほぐしていつもの料理に使ってもよいでしょう。

まるごとえのきのなめたけ

ごはんのお供に常備したい、手作りなめたけ。軸もまるごと無駄なく使い切ります。フライパンひとつでぱぱっと作れて市販品に負けないおいしさです。

材料

えのき……1袋（200g）

Ⓐ
- しょうゆ……大さじ1と 1/2
- みりん……大さじ1と 1/2
- 酒……大さじ1
- 砂糖……大さじ 1/2
- 酢……大さじ 1/2

作り方

① えのきはおがくずを取りのぞき、軸ごと3cm 幅に切ってほぐす。
② フライパンに①とⒶを入れて混ぜ、中火で炒め煮る。
③ 汁気がなくなったら、清潔な保存容器に入れて冷蔵保存。

えのきの根元のステーキバター醤油

えのきの軸はぎゅっと密集していて、ステーキにするとまるでほたての貝柱のような食感になります。バター醤油との相性も抜群です。

材料

えのきの軸……1個分
バター……10g
しょうゆ……少々
小ねぎ……お好みで

作り方

① えのきは根元を数ミリカットして、おがくずを取りのぞく。
② 軸は下から3cm 程度の厚みで切り落とす。上部はほかの料理で使う。
③ フライパンにバターを入れて中火で溶かし、②を弱火で5分焼く。
④ 返してさらに1分焼き、水（分量外：大さじ1程度）を入れ、蓋をして3分蒸し焼きにする。
⑤ しょうゆをまわしかけて全体にからめ、焼きつける。
⑥ 器に盛り、小ねぎをちらす。

ポイント えのきの生食は食中毒のリスクがあるので、中心部までしっかりと火を通していただきましょう。

野菜

20

セロリ

廃棄率
35%
2.6%

※1株にて計量。
株元のみ廃棄

個性的な香りにはリラックス作用がある

セロリは古代ローマでは薬の一種として利用されていたそうです。古代の人々はあのユニークな香りに、薬としての可能性を感じていたのでしょう。セロリの香りはポリフェノールの一種、アピインによるもの。カモミールティーなどにも含まれ、気持ちを落ち着かせ、リラックスした気分へと導いてくれます。安眠作用も期待できるので、不眠が気になるときに、セロリの入ったスープを飲むのもよいですね。緑の濃いものほど香りが強い傾向にあります。また、縦の筋にメリハリがあるものがよいとされるので店頭で選ぶ際の参考にしてみてください。

セロリとたこのペペロン炒め

ペペロンとはイタリア語で唐辛子のこと。セロリをまるごとたっぷり使い、さっと炒めてシャキシャキの食感を活かします。

材料

セロリ……2本
たこ（刺身用・ゆで）……100g
にんにく……1/2片
鷹の爪（輪切り）……適量
塩こしょう……少々
オリーブオイル……大さじ1

作り方

1. セロリの茎は5mm幅にスライスし、葉はざく切りにする。たこは1cm幅のぶつ切り、にんにくはみじん切りにする。
2. フライパンにオリーブオイルとにんにく、鷹の爪を入れて中火で熱する。
3. にんにくの香りが立ってきたら、たこ、セロリを加えてさっと炒める。
4. 塩こしょうで味をととのえる。

葉に含まれるβ-カロテン量は茎の2倍

葉にはβ-カロテンが豊富で、茎の2倍もの含有量があるといわれます。茎よりも香りや苦味は強いですが、近年では品種改良が進み、苦味や筋が少なくなっていますから、余すことなく使いたいものです。葉ごとサラダや浅漬けにして生食するほか、炒めたり、煮たりとどんな調理方法にも対応する優れた食材です。特に汁物に入れると、うま味成分のグルタミン酸がスープに溶け出し、風味よく仕上がります。きんぴらや和え物など和風の味つけにも意外と合います。保存については、葉っぱが茎の水分や栄養などをどんどん吸ってしまうので、購入後はすみやかに茎と葉を切り離しましょう。

セロリ葉たっぷりの水餃子スープ

セロリにはうま味成分のグルタミン酸が含まれるので、中華スープやミネストローネなどのスープ類に入れると、全体に溶け出してワンランクアップした本格的な味わいに。葉も一緒にたっぷり使うと、彩りもいいですよ。

材料

セロリ……1/2 本
水餃子（市販）……10 個
水……500cc
鶏ガラスープの素……小さじ2
しょうゆ……小さじ1
いりごま……小さじ1
ごま油……小さじ1

作り方

❶ セロリの茎は3mm の薄切りに、葉はざく切りにする。
❷ 鍋に水を入れて沸かし、パッケージ記載の加熱時間を参考に水餃子をゆでる。
❸ セロリと鶏ガラスープの素、しょうゆを加え、ひと煮立ちさせる。
❹ 火を止め、いりごまとごま油を加える。

ポイント 水餃子の代わりに餃子やワンタン、えび団子など、お好みの具材で作ってみてください。ごま油は加熱すると風味が飛ぶので、火を止め仕上げの段階で入れると香りが残ります。

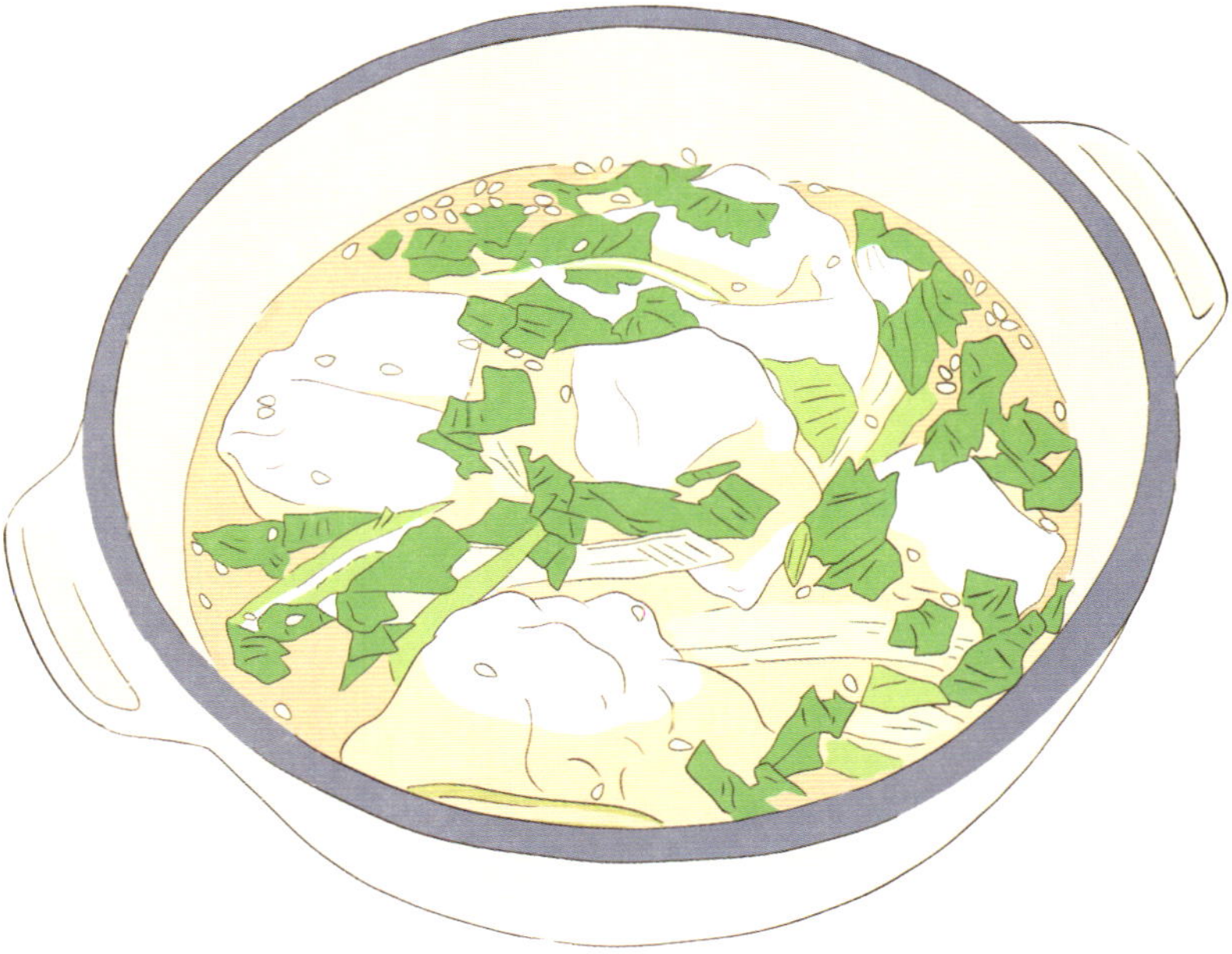

セロリとささみのごまドレサラダ

セロリの唯一無二の香りを存分に楽しみたいなら、サラダにするのがおすすめです。きゅうりを合わせることでさらに食感がよくなります。ささみを加熱した際に出た煮汁は捨てずに、ささみのほぐし身と和えるとしっとりします。

材料

セロリ……1本
きゅうり……1本
ささみ……3本
塩……少々
酒……大さじ2
ごまドレッシング（市販）……適量

作り方

① ささみは筋を取って耐熱容器に入れ、塩と酒をふりかける。ふんわりとラップをして、600w の電子レンジで4分加熱する。中まで火が通っていない場合は、様子を見ながら 10 秒ずつ追加加熱する。
② ①がさわれる熱さになったら手でさいて食べやすくほぐし、耐熱容器に残っている煮汁と和える。
③ セロリの茎は3mm 幅の薄切りにし、葉はざく切りにする。きゅうりは縦半分に切り、斜めに3mm 幅でスライスする。
④ ③を器に盛り、②をのせ、ごまドレッシングをかける。

ポイント 生のセロリは香りがよく、苦味はありません。サラダにするときは食感のいいきゅうりと合わせるのがおすすめですが、パプリカやミニトマトなどほかの野菜をトッピングしても OK です。

野菜

21

ながいも

廃棄率
10%
0.0%

「山のうなぎ」といわれる漢方食材

ながいもをはじめとする、やまのいも類は、「山薬《さんやく》」として、滋養強壮の漢方素材としても利用されています。「山のうなぎ」といわれるのも納得です。具体的にはカリウム、カルシウム、鉄、ビタミンB_1などの栄養素が含まれます。特にカリウムは摂りすぎた塩分の排出に役立ちますから、塩分摂取の多い日本人に向く食材です。また、ながいもにはでんぷん分解酵素であるアミラーゼが含まれます。食事の消化はもちろん、ながいもそのものの消化にも作用します。ほとんどのいも類が加熱をしないと食べられないなか、ながいもが生食できる理由のひとつです。

切手を
お貼り下さい

113-0023

東京都文京区向丘2-14-9

サンクチュアリ出版

『捨てないレシピ　皮も種も、無駄なく使ってもう1品』
読者アンケート係

ご住所　〒□□□-□□□□

電話番号※

メールアドレス※

お名前　　男・女　（　　歳）

ご職業
1 会社員　2 専業主婦　3 パート・アルバイト　4 自営業　5 会社経営　6 学生　7 その他

ご記入いただいたメールアドレスには弊社より新刊のお知らせや
イベント情報などをお送りいたします。
ご希望されない方は、こちらにチェックを入れてください。　メルマガ不要 □

ご記入いただいた個人情報は、読者プレゼントの発送およびメルマガ配信のみに使用し、
それ以外の目的では利用いたしません。

※プレゼント発送の際に必要になりますので、必ず電話番号およびメールアドレス、
両方の記載をお願いいたします。

弊社HPにレビューを掲載させていただいた方全員にAmazonギフト券（1000円分）をさしあげます。

『捨てないレシピ　皮も種も、無駄なく使ってもう1品』読者アンケート

本書をお買上げいただき、まことにありがとうございます。
読者サービスならびに出版活動の改善に役立てたいと考えておりますので
ぜひアンケートにご協力をお願い申し上げます。

■本書はいかがでしたか？　該当するものに○をつけてください。

最悪	悪い	普通	良い	最高
★	★★	★★★	★★★★	★★★★★

■本書を読んだ感想をお書きください。

※お寄せいただいた評価・感想の全部、または一部を（お名前を伏せた上で）弊社HP、広告、販促ポスターなどで使用させていただく場合がございます。あらかじめご了承ください。

▼ こちらからも本書の感想を投稿できます。 ▶

https://www.sanctuarybooks.jp/review/

弊社HPにレビューを掲載させていただいた方全員にAmazonギフト券（1000円分）をさしあげます。

ながいもは皮ごと食べるのが正解!

ながいもは捨てるのは汚れた切り口くらいで、新鮮であれば皮ごとすべて食べられます。皮は土汚れをしっかり落とし、細くのびる根が気になる場合は手で取るか、火で軽くあぶると取りのぞけます。皮をむかないのでぬるぬるすることもなく、調理がしやすいというメリットもあります。ながいもは千切りにしたり、細かく刻み生で食べるとシャキシャキ、たたいたり、すりおろしたりするとねばり気が出ます。さらにさっと加熱するとサクサク、しっかり火を入れるとほくほく、すりおろしてから焼くとふわふわ。もちろんすべて皮つきのままで大丈夫です。ここまでいろいろ楽しめる食材は珍しいですよね。

皮ごとすりおろしたながいものふわふわ明太焼き

居酒屋で人気のふわふわ焼き。ながいもは皮ごとすりおろして使います。辛子明太子の皮も食べられますから、刻んで生地に一緒に入れ込みましょう。こんがり焼けたチーズがたっぷりで、ちょっとぜいたくな1皿です。

材料

ながいも……200g
辛子明太子……1腹
たまご……1個
マヨネーズ……大さじ1
ピザ用チーズ……30g

作り方

1. ながいもは皮ごとすりおろす。辛子明太子は皮と中身を分け、皮は食べやすく刻む。
2. ボウルに1とたまご、マヨネーズを入れてよく混ぜ合わせる。
3. スキレット（耐熱容器）に2を流し入れてピザ用チーズをのせ、トースターまたはオーブンで焼き目がつくまで焼く。

ながいも入りの山形だし

山形の郷土料理であるだしは「100 軒の家があれば 100 種類の味がある」といわれ、材料や味つけに決まりはありません。このレシピでは皮ごとのながいもをメインに使っています。お好きな薬味を加えてご賞味ください。

材料

ながいも……150g
オクラ……5本
なす……1本
白だし……大さじ1〜2
塩こんぶ（p.212 参照）……5g
いりごま……小さじ2
ごはん……適量
大葉、みょうが、すりおろししょうがなど
……お好みで

作り方

❶ ながいもは皮ごと3〜5mm 角に細かく刻む。オクラはガクを取り、塩をまぶして板ずりをして3〜5mm 角に細かく刻む。なすも同じ大きさに切り、塩水に2〜3分さらしてアクを抜き、水気を切る。
❷ ボウルに❶と白だし、刻んだ塩こんぶ、いりごまを入れ、よく混ぜ合わせる。
❸ お好みで千切りにした大葉やみょうが、すりおろししょうがなどの薬味を加えて混ぜる。
❹ ごはんにかけていただく。

ポイント オクラは生食できますが、大きく成長しすぎて固いものや、青臭さが気になるものは軽くゆでてから刻みます。

皮つきながいものサイコロステーキ

ながいもを皮ごとサイコロ状に切り、ステーキ風味に仕上げます。バター、にんにく、黒こしょうがマッチして、食欲を刺激します。ビールのおつまみにもぴったりです。鷹の爪の量はお好みで加減してください。

材料

ながいも……200g
バター……10g
オリーブオイル……大さじ 1/2
すりおろしにんにく……小さじ1
めんつゆ（２倍濃縮）……大さじ1と 1/2
鷹の爪（輪切り）……適量
黒こしょう……適量

作り方

① ながいもは皮ごと 1.5cm 角のサイコロ状に切る。
② フライパンにバター、オリーブオイル、すりおろしにんにく、鷹の爪を入れ中火で熱する。
③ にんにくの香りが立ってきたら、①を並べ入れる。
④ ときどき転がしながら、全体にこんがり焼き目がつくまで焼く。
⑤ 全体が透き通ったら、めんつゆをまわし入れ、汁気がなくなるまで炒める。仕上げに黒こしょうをふる。

ポイント 全面をしっかりと焼いて、こんがり仕上げるのがおいしくするコツですが、ながいもをひんぱんに転がしているとなかなか焼き目がつきません。ながいもをフライパンに入れてから1～2分はさわったり、フライパンをふったりせず、じっくりと焼いてから次の面を焼くようにします。

野菜

22

豆苗

廃棄率
0%
0.0%

7～ 10日で収穫可能な SDGs な野菜

スプラウト類には、豆苗やかいわれだいこんなどいくつかありますが、リボベジ（リボーンベジタブル・再生野菜）に向いているのは断然豆苗です。豆苗以外は繊細で枯れやすかったり、新芽が出る箇所を出荷時には摘み取られてしまっているためです。コツはいくつかあります。まず、時間が経つと発芽率が下がりますから新鮮なうちに行います。豆苗は根元から7～8cmを残して切ります。毎日1、2回水を変えて容器を清潔に保ち、根以外は水につからないように気をつけましょう。うまくいくと7～10日で新しい芽が収穫でき、2回ほど繰り返し再生できます。また、豆苗の廃棄率は可食部位での計測のため0%となっていますが、実際には根元をばっさり切り落とすことが多いためごみの量は少なくはありません。最後の収穫時は、包丁で一気にカットせず、芽のギリギリをキッチンバサミで切るとごみを減らせます。

豆苗のにんにく炒め

豆苗はさっと炒めると食感がよく、量もたっぷり食べられます。短時間でできますし、献立がもの足りないときのプラス1品にもいいですね。

材料

豆苗……1袋
にんにく……1片
ごま油……大さじ1
鶏ガラスープの素……小さじ 1/2

作り方

1. 豆苗は4〜5cm 幅に切る。にんにくは薄くスライスする。
2. フライパンにごま油とにんにくを入れ中火で熱し、香りが立ってきたら豆苗を炒める。
3. 全体に油がまわったら、鶏ガラスープの素を加えてさっと炒める。

豆苗とちくわの彩りサラダ

豆苗の食感が心地よいボリューミーなエスニック風サラダです。ちくわも入ってたんぱく質や DHA・EPA の補給もできます。

材料

豆苗……1/2 袋
きゅうり……1/2 本
パプリカ……1/4 個
ミニトマト……5、6 個
ちくわ……2本
Ⓐ
- ごま油……大さじ1
- ナンプラー……大さじ 1/2
- 鶏ガラスープの素……小さじ 1/2
- レモン汁……大さじ 1/2
- 砂糖……大さじ 1/2

作り方

1. 豆苗は4〜5cm 幅に切る。きゅうりとパプリカは千切りにする。ミニトマトは 1/2 に切る。ちくわは斜めに食べやすくスライスする。
2. 器に盛り、混ぜ合わせたⒶをかける。

ポイント ナンプラーの代わりにしょうゆを使うと中華風のサラダになります。

野菜

23

しいたけ

廃棄率
20%
2.3%

※菌床栽培の場合。
石づきのみ廃棄

天日干しすると ビタミンDが10倍に！

しめじ、えのきに次いで消費量が多いしいたけは室町時代から食べられており、歴史深い食材です。よいだしが取れるので和食に欠かせません。生しいたけは日光に当てるとビタミンDが増加します。自宅でも使う前に30分から1時間ほど日光に当てておくだけでビタミンDが10倍に増えますから、ぜひお試しください。市販の干ししいたけもいいですよ。生しいたけに比べて約57倍のビタミンD、うま味成分のグルタミン酸も8倍含まれているので、上手に取り入れていきたいですね。

軸にはうま味のアスパラギン酸がカサより多い

しいたけで食べられない部分は石づきと呼ばれる場所だけで、柄（一般的にいうところの軸）は食べられます。石づきは下部の一番固いところで、形に沿って表面をそぐようにして切ります。軸は甘みや、うま味成分のアスパラギン酸をカサより多く含みます。老化対策につながるとされるオルニチンも2倍以上含まれています。カサの部分に比べて歯応えがありますが、それがまた魅力です。軸は包丁で切らずに、手で細かくさくと断面積が増えて味が入りやすくなりますよ。

野菜

しいたけの軸ごとセゴビア風

スペインのおつまみの定番「マッシュルームのセゴビア風」を、しいたけやながねぎなど和の食材を使ってアレンジしました。しいたけはまるごと焼くとみずみずしく、かさの間に素材のうま味がジュワッとしみ込みます。

材料

しいたけ……2個
ながねぎ……10g
ベーコン……10g
すりおろしにんにく……小さじ 1/2
オリーブオイル……適量
しょうゆ……適量

作り方

① しいたけは軸とカサに分け、軸のみみじん切りにする。
② ながねぎ、ベーコンもみじん切りにして①の軸とすりおろしにんにくを混ぜ合わせる。
③ 耐熱容器にしいたけのひだの部分を上にしておき、②をのせる。
④ ③にオリーブオイル、しょうゆをまわしかける。
⑤ アルミホイルをかぶせて魚焼きグリルの弱火で 15 分焼き、アルミホイルをはずしてさらに5分焼く。

まるごとしいたけの白和え

しいたけを軸ごと使った白和えです。ほうれん草、にんじんも入りビタミンや食物繊維がたっぷり！　しいたけとにんじんはフライパンで蒸し煮にすることで、余分な煮汁が出ずに無駄なく使えます。

材料

しいたけ……5個
にんじん……50g
ほうれん草……1束
豆腐……半丁（150g）

Ⓐ
- しょうゆ……大さじ 1/2
- みりん……大さじ 1/2
- 砂糖……小さじ1

Ⓑ
- すりごま……大さじ2
- みそ……小さじ2
- 砂糖……小さじ1

作り方

1. しいたけは軸とカサに分け、カサは薄切りにし、軸は手でさく。
2. にんじんは千切りにする。
3. ほうれん草は塩ゆでして水気を固くしぼり、3cm 幅に切る。
4. 豆腐はキッチンペーパーに包み、600w の電子レンジで2分加熱する。
5. フライパンにしいたけ、にんじんを重ならないように並べ入れる。Ⓐをまわしかけて蓋をし、極弱火で 10 分ほど蒸し煮する。
6. にんじんがやわらかくなったら全体を混ぜ、③のほうれん草を加えて弱火で汁気を飛ばす。
7. 豆腐とⒷを加えてさらに炒め、汁気を飛ばす。

ポイント にんじんがやわらかくなる前に汁気がなくなってしまった場合は、少量の水を足して追加で加熱してください。豆腐は絹、木綿のどちらでも同様においしく作れるのでお好みでどうぞ。

しいたけの軸ごとあんかけ揚げだし豆腐

少ない油で作る、手軽な揚げだし豆腐です。豆腐も切らずにそのまま使います。しいたけからだしが出て、シンプルな材料ながらも風味豊かに仕上がります。軸は手でさいたものをあんかけにすると味がからみます。

材料

しいたけ……1個
絹豆腐……半丁（150g）
片栗粉……適量
水溶き片栗粉……適量
（片栗粉1：水2の割合）
サラダ油……適量
Ⓐ
めんつゆ（2倍濃縮）……大さじ2
水……100cc
すりおろししょうが……小さじ 1/4

作り方

① しいたけは軸とカサに分け、カサは薄切りにし、軸は手でさく。
② 絹豆腐はキッチンペーパーに包んで5～10分おき、余分な水気を取る。
③ 小鍋に①とⒶを入れて中火にかけ、沸いたら弱火にして1～2分煮る。
④ 火を止めて水溶き片栗粉を入れ、よく混ぜる。中火にかけ、とろみがつくまで2～3分煮る。
⑤ フライパンにサラダ油を高さ5mmくらい注いで中火で熱し、片栗粉を薄くまぶした②を焼き目がつくまで全面を揚げ焼きにする。
⑥ 器に盛り、熱々の④をかける。

ポイント 軸は手でさくことによって表面積が増え、あんがしっかりからみます。えのきやしめじなどのきのこ類やにんじん、枝豆をあんに入れたり、なすやオクラなどを豆腐と一緒に揚げ焼きするのもおすすめです。彩りもよくなり、ボリュームもアップして立派なメイン料理になります。

野菜

トマト

24

廃棄率
3%
3.0%

※ヘタには毒性があるため食べない

リコピンは加熱して油と合わせるとパワー発揮

健康・美容の分野でたびたび注目されるトマト。特筆すべき栄養素はリコピンで、強力な抗酸化作用を持ちます。加熱して、油と一緒に摂ると体内に吸収されやすくなります。そのほかにもビタミンCやβ-カロテンを多く含み、生食しても栄養豊富な食材です。またトマト人気を陰で支えるのが、うま味成分のグルタミン酸です。肉や魚にはイノシン酸という別のうま味成分が含まれますが、この2つが合わさると相乗効果でうま味が増幅します。トマトが肉や魚と相性がいいのには、ちゃんと理由があったのです。

まるごとトマトのバターチキンカレー

鶏肉はヨーグルトに漬け込むことでやわらかくなり、タンドリー風の豊かな味わいに。隠し味のみそによって、生クリーム不使用とは思えないコクが生まれます。

材料

トマト……2個
たまねぎ……1個
鶏もも肉……200g
Ⓐ
- ヨーグルト……大さじ2
- カレー粉……大さじ1
- すりおろしにんにく……小さじ1
- すりおろししょうが……小さじ1
- 塩……ひとつまみ

Ⓑ
- ケチャップ……大さじ3
- みそ……小さじ1
- コンソメ……小さじ1

牛乳……200cc
バター……30g
塩……適量
ごはん、パン、ナンなど……お好みで

作り方

① Ⓐを混ぜ合わせ、ひと口大に切った鶏もも肉を1時間からひと晩漬け込む。
② トマトは1cm角に切り、たまねぎはみじん切りにする。
③ フライパンにバター半量15gとたまねぎを入れ、中火で炒める。
④ たまねぎがこげ茶色になるまでしっかり炒めたら端に寄せ、①を漬け汁ごと加えて両面焼く。ある程度火が通ったらトマトとⒷを入れて煮る。
⑤ トマトが煮くずれてきたら、牛乳と残りのバター15gを加えてさらに10分ほど煮込み、塩で味をととのえる。ごはんやナン、パンと合わせていただく。

ミニトマトと生ハムのさっぱりそうめん

大葉とレモンがアクセントの清涼感のあるそうめんです。大葉は手でちぎることで、より豊かに香ります。ゆで時間がパスタより短いのもうれしい点です。

材料

ミニトマト……5個
そうめん……1束
大葉……2枚
生ハム……3枚

Ⓐ
- オリーブオイル……大さじ1
- レモン汁……大さじ1/2
- 白だし……小さじ1

塩……お好みで

作り方

① Ⓐは合わせ、冷蔵庫で冷やしておく。
② そうめんはパッケージ記載の加熱時間を参考にゆでて水でしめ、水気をしっかり切る。
③ ミニトマトは1/4に切り、大葉と生ハムは手でちぎる。
④ ①と②、ミニトマトを和える。
⑤ 器に盛り、大葉と生ハムをちらす。お好みで追加のオリーブオイルをまわしかけ、塩をふる。

野菜

25

ごぼう

廃棄率
10%
0.9%
※両端のみ廃棄

ごぼうを食べるのは世界で日本だけ⁉

ごぼうは日本で１２００年もの歴史がありますが、野菜として食べる国はめずらしく、たとえば中国では薬草として用いられています。日常的に食卓に並ぶのは、世界を見ても日本ぐらいのようです。噛みごたえや木のような見た目が、なかなか受け入れられないのだとか。ごぼうには水溶性食物繊維のイヌリンが含まれています。水に溶けるとゲル状になり、胃腸内の食べ物をゆっくり運ぶので、糖質の消化吸収がおだやかに。食後の血糖値上昇を抑えたり、コレステロール値を管理するのに役立ちます。さらに、便をやわらかくする作用もあります。

たたきごぼう

お正月料理として知られる、たたきごぼう。昔はごぼうをたたいて身を割り、開いていたことから「開運」の意味が込められています。たたくことで味がしみ込みやすくなる効果もあります。皮ごと使い、ごぼうの風味を存分に活かしましょう。

材料

ごぼう……1本

Ⓐ
- すりごま……大さじ2
- しょうゆ……大さじ1
- 砂糖……小さじ2
- 酢……小さじ1

作り方

1. ごぼうは皮ごと縦半分に切り、鍋やフライパンに入る長さに切る。
2. 1を鍋に入れて水をたっぷり注いで沸かし、3分ほどゆでる。
3. ごぼうの水気を切り、めん棒などを使って全体をたたき、5cm 幅に切る。
4. 温かいうちに3とⒶを和える。

香りとうま味成分は皮に多く含まれる

ごぼうの香りとうま味の成分は皮に多く含まれています。ごぼうの皮をむくのは手間ですし、皮ごとのほうがおいしいのですから一石二鳥です。汚れが気になる部分はまるめたアルミホイルでやさしくこするといいですよ。アク抜きをする場合は、水にさらす時間は5分で十分です。長い時間さらしてしまうと、アクだけでなく風味も抜けてしまいます。ごぼうを揚げる場合は、アク抜き不要です。高温で揚げる工程で、アクや多少の土臭さは消えてしまいます。豚汁に入れる場合も最初にごま油でしっかり炒めるとおいしくなります。

チキンチキンごぼう

山口県の学校給食で生まれた、チキンチキンごぼう。ごはんに合うおかずとして人気を集め、現在は家庭料理としても広く親しまれています。ごぼうは皮ごと揚げることで風味がよくなり、甘辛いたれとよく合います。

材料

ごぼう……1本
鶏もも肉……200g
すりおろししょうが……小さじ 1/2
塩……少々
片栗粉……適量

Ⓐ
みりん……大さじ2
しょうゆ……大さじ1
酒……大さじ1
砂糖……小さじ1

小ねぎ、枝豆……お好みで

作り方

① 鶏もも肉はひと口大に切り、すりおろししょうがと塩をもみ込む。
② ごぼうは水洗いをして、皮つきのまま3mm 幅の斜め切りにする。
③ ②に片栗粉をまぶし、180℃の油で揚げる。
④ ①に片栗粉をまぶし、180℃の油で揚げる。
⑤ 鍋にⒶを入れて強火にかけ、沸いたら③と④を入れて全体をからめる。
⑥ 器に盛り、お好みで小ねぎや枝豆をちらす。

ポイント チキンチキンごぼうは甘辛い味で、子どもから大人まで大人気。彩りに枝豆をちらすことが多いですが、家庭では小ねぎをちらすのみでも十分です。

皮ごとごぼうサラダ

ごぼうとにんじんは皮ごと使って食物繊維たっぷり、噛みごたえ十分なサラダです。おいしさの秘訣は下味にあります。ごぼうとにんじんにしっかり味がついているので、味がしまり、マヨネーズも少量ですみます。

材料

ごぼう……1本
にんじん……1/2 本
Ⓐ
- 水……大さじ2
- みりん……大さじ1
- しょうゆ……大さじ 1/2
- 塩……ひとつまみ

マヨネーズ……大さじ1
すりごま……大さじ1
砂糖……小さじ 1/2

作り方

1. ごぼうとにんじんは皮ごと千切りにする。ごぼうは5分ほど水にさらす。
2. フライパンに1とⒶを入れて混ぜ、まんべんなく広げる。蓋をして中火にかけ、沸いたら弱火で 10 分蒸し煮にする。
3. 火が通ったら蓋を取り、中火にして汁気を飛ばす。
4. ボウルなどに移して冷ます。粗熱が取れたらマヨネーズ、すりごま、砂糖を加えてよく混ぜる。

ポイント マヨネーズは必ず粗熱が取れてから入れます。熱々のうちに入れると、分離することがあります。

野菜

26

小松菜

廃棄率
15%
0.0%

生食できて冷凍可能。鉄分はほうれん草の1・4倍

小松菜は主に関東地方でなじみ深い、江戸野菜のひとつです。栄養素も豊富で、牛乳に比べカルシウムは1・5倍。鉄分も多く、ほうれん草の1・4倍です。また使い勝手のよさも魅力です。アクが控えめなので生食可能。煮る、ゆでる、炒める、とどんな調理法にも合い、ほうれん草と同様、株元に十字の切り込みを入れることで、すべて食べることもできます。小松菜は冷凍可能なので、使い切れない分は新鮮なうちに適宜カットして生のまま冷凍しましょう。凍ったまま使えるうえに、繊維がこわれるため味がしみやすくなるメリットもあります。

小松菜とハムのレンチンソテー

小松菜はアクが少ないので、電子レンジ調理に向きます。芯は下のほうに入れ、水分を足すと火が通りやすくなります。このレシピでは水の代わりに缶の汁を利用し、とうもろこしの甘みも一緒にいただきます。

材料

小松菜……1袋
ハム……1パック（35g）
コーン缶……小1缶（65g）
バター……10g
塩こしょう……少々

作り方

1. 小松菜は3～4cm 幅に切る。葉の部分は食べやすいように、横からも包丁を入れる。ハムは1cm 幅に切る。コーン缶は実と汁に分ける。
2. 耐熱容器に小松菜の茎だけを入れ、ハム、コーンの実、バターの順にのせる。その上からさらに小松菜の葉をのせ、コーン缶の汁をまわしかける。
3. ふんわりとラップをかけ、600w の電子レンジで3分加熱する。
4. 全体を混ぜ、塩こしょうで味をととのえる。

小松菜とたまごの巾着煮

冷凍した小松菜を解凍せずにそのまま使う、たまご巾着。小松菜の緑色とたまごの黄色で断面が色鮮やかになります。たんぱく質やビタミン、ミネラルなど栄養素もたっぷりです。冷凍小松菜ではなく生の小松菜を使う場合は、煮る時間を 12 ～ 13 分にします。

材料

冷凍小松菜……30g
油揚げ……1枚
たまご（S または M サイズ）……2個

Ⓐ
- みりん……大さじ1
- しょうゆ……大さじ 1/2
- 砂糖……小さじ2
- だし汁……200cc

作り方

1. 油揚げは必要に応じて熱湯をかけて油抜きをし、半分に切る。
2. 油揚げの上から菜箸をころころと押しつけながら転がし、破れないように気をつけながら中を開いて袋状にする。
3. ❷に小松菜を 1/2 量ずつ詰め、それぞれたまごを落として、閉じ口を爪楊枝でしっかりとめる。
4. 小鍋にⒶを入れて沸かし、❸を入れて中火で 15 分ほど煮る。途中で上下を返す。
5. 火を止め、煮汁にひたした状態でそのまま冷ます。

野菜

27

オクラ

廃棄率
15%
5.3%

※ヘタの先端とガクのまわりの固い部分を廃棄

独特のねばねばはペクチンによるもの

オクラは英名でも「Okra（オクラ）」と呼ばれ、古代エジプトでも栽培されていた記録が残っています。日本で本格的に広まったのは1960年代ですが、当初は独特のぬめりが受け入れられなかったそうです。このぬめりの正体はペクチン。水溶性食物繊維の一種で、整腸作用、血糖値上昇抑制の働きが期待できます。加熱調理してもねばり気が失われることはありません。スープにオクラを入れると天然のとろみがつき、冷めにくくなります。また、包丁で細かくたたくとねばねば感がアップします。

幅広い種類の栄養素をバランスよく含む

オクラは多種多様なビタミン・ミネラルを含みます。具体的にはビタミンB_1、B_2、葉酸、ビタミンC、β-カロテン、鉄、亜鉛、カリウムなど、体がよろこぶ栄養素がいっぱいです。新鮮なものほどうぶ毛が多く色鮮やかで、鮮度が落ちると徐々に黒くなります。乾燥と低温が苦手なため、袋に入れて野菜室で保存し、早めに使い切りましょう。ヘタは切り落とさず、頭の先だけを切り落とし、ガクをぐるりと面取りするようにして処理すると廃棄率が下がります。口当たりをよくしたい場合は、塩ずりをしてうぶ毛を取りのぞきましょう。

たたきオクラのふわふわたまごかけごはん

オクラは包丁でしっかりたたくと、緑のとろろのようになります。そこに納豆とふわふわに泡立てた卵白をのせ、黄身をくずしながらいただきます。１食で野菜もたんぱく質も摂れるので、ランチなどにもおすすめです。ちぎった焼きのりをちらしても。

材料

オクラ……３本
納豆……1パック
たまご……1個
ごはん……200g
だし醤油（p.211 参照）……適量

作り方

1. オクラはガクを取り、塩をまぶして板ずりをする。
2. ①を塩ゆでして冷まし、包丁で細かくたたく。
3. ②に納豆と付属のたれを加えて混ぜる。
4. たまごは卵白と卵黄に分ける。卵白はボウルに入れ、泡立て器でツノが立つくらいまで固めに混ぜる。
5. 器にごはんを盛り、③をかけ、卵白、卵黄の順にのせる。だし醤油をかけていただく。

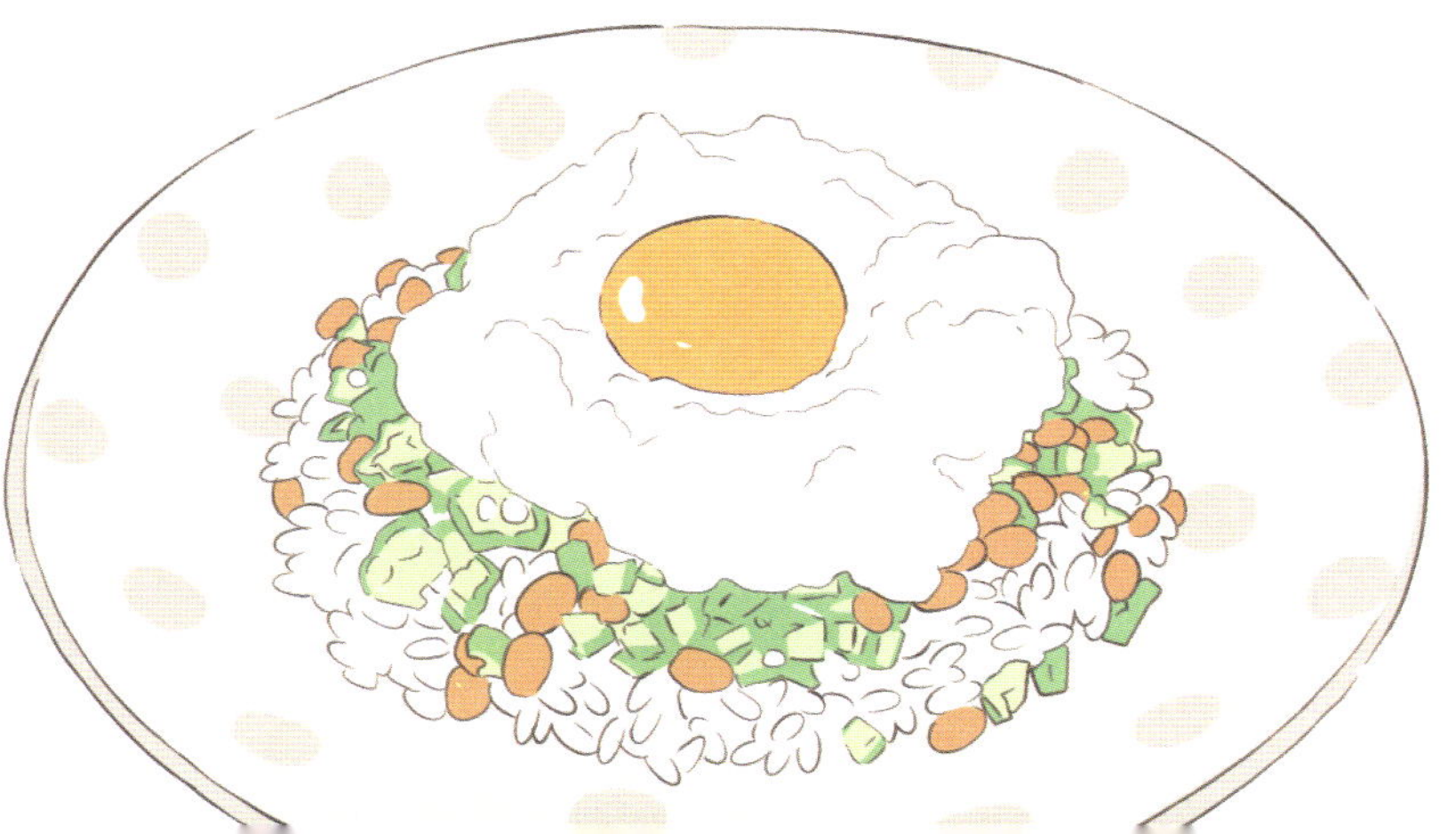

まるごとオクラの串カツ

子どもにも大人にもよろこばれる串カツ。オクラに肉を巻いてボリューム＆栄養アップ！串をはずしてカットしたら、お弁当のおかずとしても映えます。残った溶きたまごはスープやみそ汁に入れれば、無駄がありません。

材料

オクラ……5、6本
豚ロース肉（薄切り）……200g
たまご……1個
塩……適量
薄力粉……適量
パン粉……適量
サラダ油……適量
中濃ソース……お好みで

作り方

❶ オクラはガクを取り、塩をまぶして板ずりをして竹串で数か所穴をあけておく。
❷ ❶に串を刺して、豚肉をくるくると巻きつける。
❸ ❷に薄力粉をまぶして溶きたまごにくぐらせ、パン粉をつける。
❹ フライパンに2cmほど油を注ぎ、180℃に温める。❸をきつね色になるまで揚げる。
❺ お好みで中濃ソースをつけていただく。

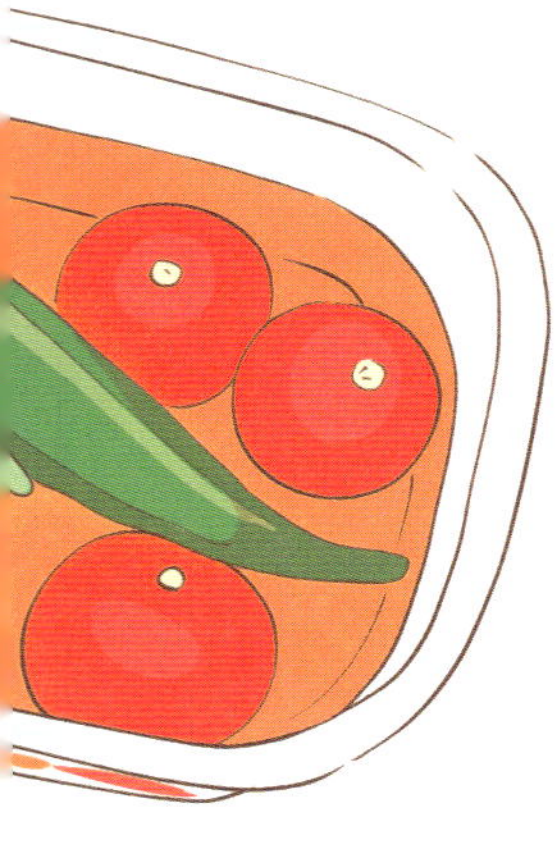

塩でいただく焼きオクラ

オクラは焼いてもおいしい！　ぜひおいしい塩を使ってみてください。つけ合わせや、ちょっとしたおつまみになります。油と合わせるので、β - カロテンの吸収がよくなるメリットも。オリーブオイルやごま油で焼いても美味。

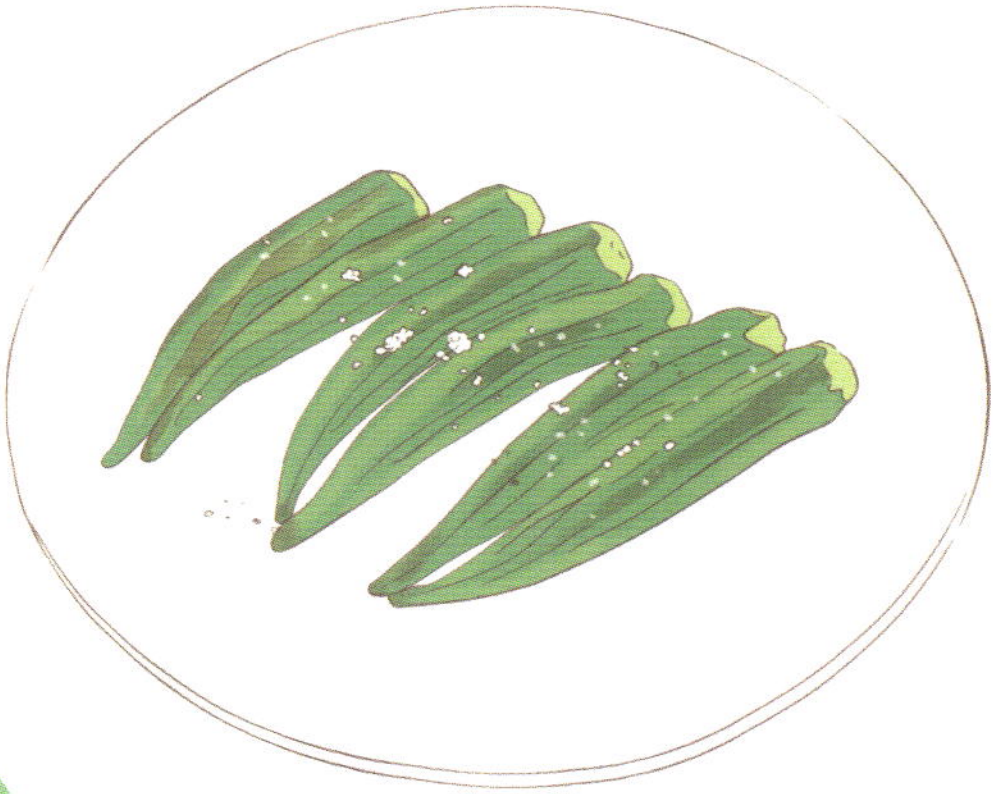

材料

オクラ……5、6本
サラダ油……大さじ 1/2
塩……適量

作り方

1. オクラはガクを取り、塩をまぶして板ずりをする。
2. フライパンにサラダ油をひいて中火で熱し、オクラを並べ入れこんがり焼く。
3. 器に盛り、塩をふる。

オクラとミニトマトのおひたし

オクラをゆでてめんつゆに漬けるだけ。簡単なうえに飽きのこない味わいで、夏がくると繰り返し作りたくなる副菜のひとつです。作りおきで1～2日持ちます。ミニトマトも加えると、見映えも栄養もばっちりです。

材料

オクラ……5、6本
ミニトマト……4、5個
塩……適量
めんつゆ（２倍濃縮）……50cc
水……150cc

作り方

1. オクラはガクを取り、塩をまぶして板ずりをする。ミニトマトはヘタを取る。
2. 鍋に熱湯を沸かしてオクラを 30 秒ゆで、ミニトマトを加えてさらに 30 ～ 40 秒ゆでる。トマトの皮が少し破れてきたら、ザルにあげる。
3. 2を清潔な保存容器に移し、温かいうちにめんつゆと水を注ぐ。
4. 冷蔵庫に入れて 30 分～1時間ほど漬ける。

野菜

28

ゴーヤ

廃棄率
15%
0.9%

※両端のみ廃棄

ゴーヤの苦味は油と合わせるとやわらぐ

ゴーヤは捨てるところがほとんどない、サステナブルな野菜です。ワタも種もおいしくいただくことができます。あの苦味を口にすると夏の到来を感じますが、なかにはもう少し苦味をマイルドにしたい方もいるかもしれません。その場合は、下処理の際に塩もみをします。適宜カットしたゴーヤに塩をまぶして15分ほどおき、水洗いをします。また、調理時に油と合わせるのもよい方法です。油で揚げる、脂身の多い豚バラと合わせる、マヨネーズと和える、ナムルなどもいいですね。

サンクチュアリ出版 = 本を読まない人のための出版社

はじめまして。サンクチュアリ出版・広報部の岩田梨恵子と申します。
この度は数ある本の中から、私たちの本をお手に取ってくださり、
ありがとうございます。…って言われても「本を読まない人のための
出版社って何ソレ??」と思った方もいらっしゃいますよね。
なので、今から少しだけ自己紹介させてください。

ふつう、本を買う時に、出版社の名前を見て決めることって
ありませんよね。でも、私たちは、「サンクチュアリ出版の本だから
買いたい」と思ってもらえるような本を作りたいと思っています。
そのために"1冊1冊丁寧に作って、丁寧に届ける"をモットーに
1冊の本を半年から1年ほどかけて作り、少しでもみなさまの目に
触れるように工夫を重ねています。

そうして出来上がった本には、著者さんだけではなく、編集者や
営業マン、デザイナーさん、カメラマンさん、イラストレーターさん、書店さんなど
いろんな人たちの思いが込められています。そしてその思いが、
時に「人生を変えてしまうほどのすごい衝撃」を読む人に
与えることがあります。

だから、ふだんはあまり本を読まない
人にも、読む楽しさを忘れちゃった人たち
にも、もう1度「やっぱり本っていいよね」
って思い出してもらいたい。誰かにとって
の「宝物」になるような本を、これからも
作り続けていきたいなって思っています。

sanctuary books

サンクチュアリ出版の主な書籍

頭のいい人の対人関係
誰とでも対等な
関係を築く交渉術

東大生が日本を
100人の島に例えたら
面白いほど経済がわかった!

やる気のスイッチ

虚無レシピ

貯金すらまともにできていま
せんが　この先ずっとお金に
困らない方法を教えてください!

考えすぎない人
の考え方

相手もよろこぶ 私もうれしい
オトナ女子の気くばり帳

いといとエモし。
超訳 日本の美しい文学

カメラはじめます!

学びを結果に変える
アウトプット大全

多分そいつ、
今ごろパフェとか
食ってるよ。

お金のこと何もわからないまま
フリーランスになっちゃいましたが
税金で損しない方法を教えてください!

カレンの台所

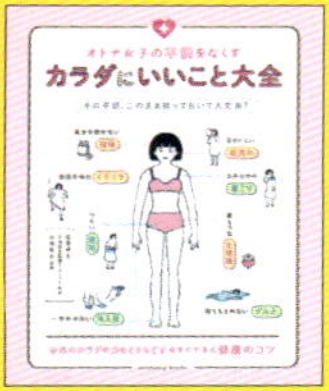

オトナ女子の不調をなくす
カラダにいいこと大全

図解 ワイン一年生

覚悟の磨き方
～超訳 吉田松陰～

クラブS
会員さまのお声

読みやすい本ばかりで
どの本も面白いです。

通販が200円OFFで買えるのがお得です。

サイン本もあり、本を普通に購入するよりお得です。

来たり来なかったりで気長に付き合う感じが私にはちょうどよいです。

自分では買わないであろう本を読んで新たな発見に出会えました。

何が届くかわからないわくわく感。
まだハズレがない。

オンラインセミナーに参加して、新しい良い習慣が増えました。

会費に対して、とてもお得感があります。

本も期待通り面白く、興味深いものと出会えるし、本が届かなくても、クラブS通信を読んでいると楽しい気分になります。

読書がより好きになりました。普段購入しないジャンルの書籍でも届いて読むことで興味の幅が広がりました。

自分の心を切り開く本に出会いました。悩みの種が尽きなかったのに、そうだったのか!!!　ってほとんど悩みの種はなくなりました。

CLUB
本を読まない人のための出版社
サンクチュアリ出版
月額会員メンバー
本のびっくり箱
クラブS
1〜2カ月で1冊ペースで出版
サンクチュアリ出版の電子書籍が読み放題
クラブSとは
どこよりも早く読める!
普段読まないような本に出会える
クラブSの詳細・お申込みはこちらから
http://www.sanctuarybooks.jp/clubs

ゴーヤのまるごとから揚げ

ゴーヤはから揚げにすると、苦味がやわらぎます。種はほとんど気になりません。ワタはトロッと、衣はカリッとやみつきになるおいしさです。ゴーヤといえばチャンプルーのイメージがありますが、から揚げもイチオシです。

材料

ゴーヤ……1本
片栗粉……適量
サラダ油……適量

Ⓐ
- しょうゆ……大さじ1と1/2
- 砂糖……小さじ2
- すりおろしにんにく……小さじ1/3
- すりおろししょうが……小さじ1/3

作り方

1. ゴーヤはまるごと1cm幅の輪切りにする。
2. Ⓐを合わせ、1を5～10分漬ける。まんべんなく、特にワタにしっかりなじむようにする。
3. 汁気を拭き取って片栗粉を全体にまぶす。フライパンに1cmほどのサラダ油を入れて180℃に熱し、カラッと揚げる。

ワタに含まれるビタミンCは実の1・83倍

ゴーヤに含まれるビタミンCは別名「AsA（アスコルビン酸）」と呼ばれ、強い抗酸化作用を発揮し、老化対策や免疫力維持に役立ちます。ビタミンCはゴーヤの中心部に豊富で、ワタには実の1・83倍含まれるというデータも。また、ゴーヤ独特の苦味成分・モモルデシンは肝機能を高め、食欲を増進させます。夏バテで食が細くなりがちなときにぴったりな野菜です。旬のものは特に栄養価が高いので、夏はゴーヤをまるごと活用したいですね。一度に使い切れない場合はカットした状態で冷凍可能です。使うときは冷凍のまま加熱調理します。

まるごとゴーヤの豚バラ巻き

ゴーヤと豚バラ肉は最高の組み合わせ。豚バラ肉からにじみ出た脂がワタにしみわたり、噛んだ瞬間ジュワッとうま味があふれ出ます。ゴーヤの苦味、ポン酢の酸味との絶妙なバランスが口の中を満たし、ごはんがどんどん進みます。

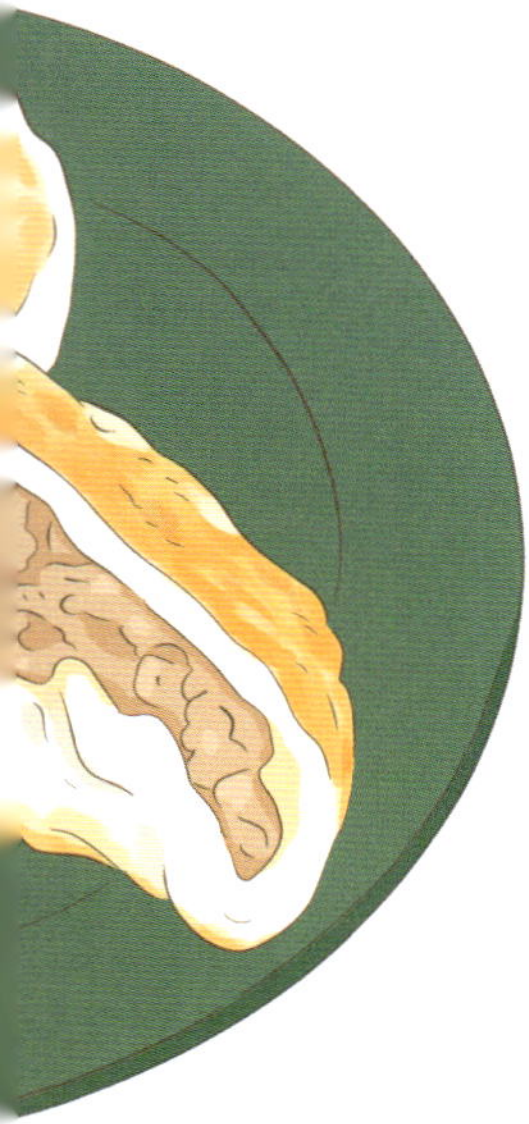

材料

ゴーヤ……1/2 本
豚バラ肉（薄切り）……200g
塩……少々
Ⓐ
- ポン酢……大さじ 1 と 1/2
- 砂糖……小さじ 1
- すりおろししょうが……小さじ 1/4

サラダ油……適量

作り方

❶ ゴーヤは縦方向に半分に切り、種とワタはそのまま8等分のくし切りにする。
❷ ❶のワタの面に塩をふり、1本ずつ豚肉を巻く。
❸ フライパンにサラダ油をひいて中火で熱し、巻き終わりを下にして❷を並べる。ときどき転がしながら、全体をこんがり焼く。
❹ Ⓐをまわし入れて全体をからめ、さっと炒める。

ゴーヤの種とワタの肉みそ

ゴーヤの種とワタを使います。豚肉から出る脂やごま油によって苦味がウソのように消え、みそと合わせることでうま味とコクもプラスされます。ごはんのお供になるだけなく、きゅうりやキャベツなどの野菜につけても。

材料

ゴーヤの種とワタ……1本分
豚ひき肉……100g
ごま油……大さじ1

Ⓐ
- みそ……大さじ3
- みりん……大さじ2
- 砂糖……大さじ1

作り方

❶ ゴーヤのワタは粗く刻む。
❷ フライパンにごま油をひいて中火で熱し、❶のワタと種を炒める。
❸ 豚ひき肉を加えて、脂がにじみ出るまでしっかり炒める。
❹ Ⓐを加え、汁気が少なくなるまで炒める。

ゴーヤの種とワタの肉みそおやき

おやきの生地は強力粉や中力粉を使うことが多いですが、ここでは手軽に作れるよう薄力粉にしています。コツは弱火でじっくりこんがり焼くこと。冷めると生地が少し固くなるので、熱々のうちに召しあがってください。

材料

ゴーヤの種とワタの肉みそ……適量
（上記レシピの半量くらいを使用）
薄力粉……150g
塩……ひとつまみ
熱湯……80 ～ 90cc
サラダ油……大さじ1

作り方

❶ 大きめのボウルに薄力粉と塩を入れて混ぜる。
❷ ❶に熱湯を少しずつ加えながらよく混ぜる。やけどに注意。
❸ こねてひとまとめにする。べたつくようなら、薄力粉を足して調整する。生地をラップに包み冷蔵庫で 20 分寝かせる。
❹ ６等分に分けて打ち粉（薄力粉・分量外）をし、めん棒などで円形にのばす。
❺ 肉みそを適量包み、平たくして形をととのえる。
❻ フライパンにサラダ油をひいて中火で熱し、❺を閉じた面を下にして並べる。弱火で焼き目がつくまで、両面各５分ほどじっくり焼く。

野菜

29

さといも

廃棄率
15%
1.1%

※繊毛と変色部分のみ廃棄

きちんと処理をすれば皮ごと食べられる

ぬめぬめとした食感が魅力のさといもですが、これは主にガラクタン、グルコマンナンといった成分によるものです。これらは水溶性食物繊維の仲間で腸の働きを促し、便秘対策に役立ちます。ガラクタンには免疫力をアップさせる作用も期待されています。また、ビタミンB群、ビタミンE、鉄、亜鉛、カリウムなど幅広い栄養素を含みます。皮は水洗いをしながらやわらかいスポンジで軽くこすり、繊維質の毛や汚れを落とせば食べることができます。皮をむくときは洗わずに、まるごと蒸すか電子レンジで加熱をしてから行うと、ぬめり成分の溶け出しが抑えられ扱いやすくなります。

さといもの皮のパリパリチップス

皮つきのさといもに抵抗がある人にまず作ってほしい1品です。ポイントは3つ。スポンジを使って毛をしっかりと落とす、皮を2～3mm目安に厚めにむく、片栗粉をしっかりまぶすことです。お子さまでも食べられます。

材料

さといもの皮……適量
片栗粉……適量
サラダ油……適量
塩……お好みで

作り方

1. さといもはやわらかいスポンジで軽くこすり、毛や汚れを洗い落とす。
2. 水気を拭き取り、皮を厚め（2～3mm）にむく。
3. ❷に片栗粉をまぶして170℃の油でからっと揚げ、お好みで塩をふる。

さといもの皮ごとロースト

さといもは焼く前にオリーブオイルをからませると皮のパサつきが抑えられます。みそチーズソースと、ねっとり食感のさといもの相性が抜群です。

材料

さといも……4個
オリーブオイル……適量
Ⓐ［牛乳……150cc
　 みそ……小さじ1
　 みりん……小さじ1
ピザ用チーズ……30g
片栗粉……小さじ1
ドライパセリ……お好みで

作り方

1. オーブンは200℃に予熱する。
2. さといもはやわらかいスポンジで軽くこすり、毛や汚れを洗い落とす。
3. 皮つきのまま半分に切ってオリーブオイルを全体にからませる。
4. 天板にクッキングシートを敷き、❸を並べてオーブンで25分焼く。
5. 小鍋にⒶを入れて混ぜ、中火で沸騰直前まで温める。
6. ピザ用チーズに片栗粉をまぶして❺に加え、混ぜながらさっと煮る。
7. 器に❹を盛り、❻のソースをかけてお好みでドライパセリをふる。

野菜

30

きゅうり

廃棄率
2%
0.0%

きゅうりに栄養がないっていうのは本当？

「世界一栄養がない野菜」といわれることもあるきゅうりですが、これは完全に誤解です。「世界一低カロリーな果実」（植物学的にきゅうりは果実）として紹介されていたものが間違って広まってしまったようです。実際、カリウムやβ-カロテン、ビタミンCなどを含み、決して栄養がないわけではありません。ほかの野菜と比べると、カリウムは100gあたり200mgとレタスと同じ値。β-カロテンとビタミンCにいたってはレタスよりも多いことが分かります。

おろしきゅうりの冷奴

夏にぴったり、見た目にも涼やかな冷奴です。手軽なので、もう1品プラスしたいというときの副菜にもいいですね。大葉が全体の味を引きしめます。しょうがやみょうが、ゆずこしょうなど、ほかの薬味をプラスしても。

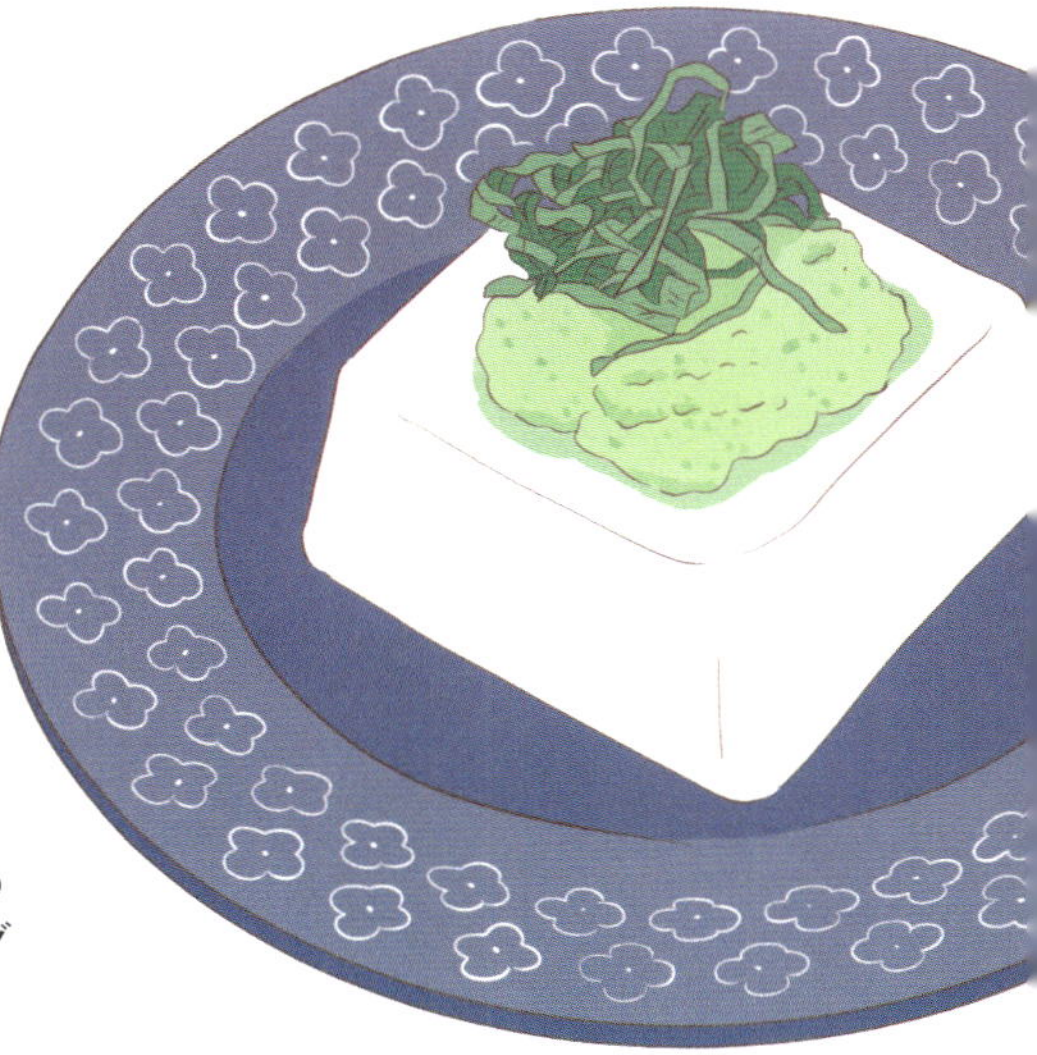

材料

きゅうり……1/2 本
大葉……1枚
豆腐……半丁（150g）
ポン酢、めんつゆなど……お好みで

作り方

1. きゅうりはすりおろす。大葉は千切りにするか、手でちぎる。
2. 器に豆腐を盛り、1のきゅうり、大葉の順にのせる。
3. お好みでポン酢やめんつゆをかける。

ポイント おろしきゅうりはだいこんおろしのように、しらすと和えたり、ドレッシングにプラスしたりして使えます。

アクと青臭さは プロがやる下処理で解決

きゅうりは汗で失われる水分とカリウムの補給に向き、夏バテ対策に取り入れたい夏野菜のひとつです。また、アルコール分解の作用もあるため、飲み会の多い年末年始にもいいですね。きゅうりにはアクと、多少の青臭さがあります。気になる方はアクの場合は両端を少し切り落とし、断面同士をこすり合わせると渋味が低減できるという研究結果があります。青臭さは板ずりして熱湯に10秒ほどくぐらせ、すぐ冷水に取ります。余分な水分と一緒に青臭さが抜け、色も鮮やかになります。料理のプロも行う処理で、そのままサラダなどに使えます。

きゅうりのポリポリ漬け

ごはんがすすむ、食感も楽しいきゅうりの漬物です。塩分控えめのやさしい味わいは、手作りならでは。「漬けて、冷まして、取り出す」工程を繰り返すほどしっかりと漬かり、保存もきくようになります。

材料

きゅうり……2本

Ⓐ
- すりおろししょうが……小さじ1
- しょうゆ……50cc
- みりん……30cc
- 砂糖……30g
- 酢……30cc

作り方

❶ きゅうりは1cm幅の輪切りにする。
❷ 鍋にⒶを入れて沸かし、❶を加えてすぐに火を止める。鍋に入れたままの状態で冷ます。
❸ きゅうりを取り出して、再び調味液を沸かす。
❹ きゅうりを戻し入れ、すぐに火を止めて冷ます。
❺ 清潔な容器に入れて保存。すぐに食べられるが、冷蔵庫で1〜2日寝かせると味がなじむ。

ポイント きゅうりは食感を楽しむために1cm前後で輪切りにします。また、より長持ちさせたい場合は、工程の❶で輪切りにしたきゅうりを塩もみして30分ほどおき、しっかり水分を抜きます。

きゅうりのちらし寿司

このちらし寿司の主人公はきゅうり。きゅうりを塩もみしてすし酢に漬け込み、事前にしっかり味を入れるのがポイントです。きゅうりの食感、炒りたまごのやさしい甘み、鮭フレークの塩気が一体となった1皿です。

材料（２人分）

きゅうり……１本
塩……小さじ 1/2
Ⓐ［酢……大さじ２
　 砂糖……大さじ１
　 塩……ひとつまみ
たまご……２個
砂糖……小さじ２
塩……ひとつまみ
ごはん……300g
鮭フレーク……大さじ２
いりごま……小さじ１

作り方

1. きゅうりは2mm 幅の薄切りにして、塩をまぶす。５分おき、水気をしっかりしぼる。
2. ボウルにⒶを入れてすし酢を作り、❶を加えて 10 分ほどおき、味をなじませる。
3. 味をなじませている間に炒りたまごを作る。フライパンにたまごと砂糖、塩を入れる。
4. よく混ぜ合わせてから中火にかけ、菜箸を3、４本使って絶えず混ぜながら炒める。
5. そぼろ状になったら火からおろし、粗熱を取る。
6. 温かいごはんに鮭フレーク、いりごま、❺、❷を漬け汁ごと加えて混ぜる。

ポイント たまごは冷めたフライパンの中で混ぜてから火をつけると、お店のようなポロポロの仕上がりです。洗い物も減らせます。

野菜

野菜

31

とうもろこし

廃棄率
50%
44.0%

※皮と芯のみ廃棄

土鍋で炊くひげごととうもろこしごはん

とうもろこしごはんは芯を一緒に炊き込むと、よいだしが出て風味よく仕上がります。ひげも短く切って入れます。バター醤油のシンプルな味つけで、夏ならではの定番とうもろこし料理です。

材料

とうもろこし……1本
米……2合
水……360cc
しょうゆ……大さじ1
バター……10g

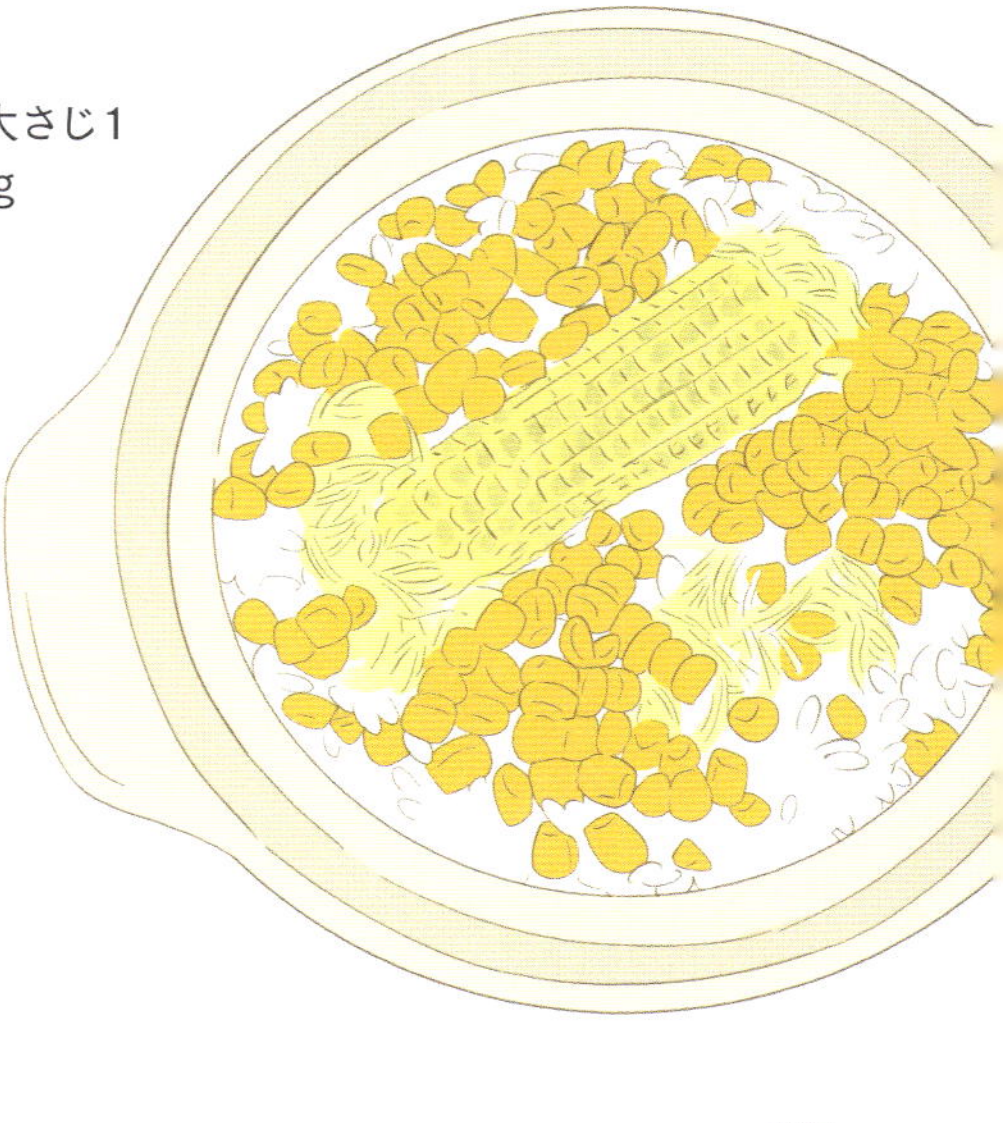

作り方

1. とうもろこしは実を包丁で削り取り、ひげは細かく刻む。芯は捨てない。
2. といだ米と水をボウルに入れ、冷蔵庫で1時間ほど浸水させる。
3. 土鍋に2を移してしょうゆを加え、1、バターをのせる。芯も一緒に入れる。
4. 蓋をして火にかけ、6～7分加熱する。沸いたら極弱火にして4分、火を消して蓋をしたまま10分蒸らす。
5. 芯を取りのぞき、全体を混ぜる。

収穫から24時間で味も栄養価も落ちる

鮮度低下が激しい野菜として知られている、とうもろこし。常温の状態だと、収穫からわずか24時間で味も栄養価もぐっと劣化してしまうほどです。熱さに弱いため、とうもろこし畑では気温の低い早朝に収穫され、予冷装置等で低温状態を保ったまま店頭に並びます。家庭でも購入後はすぐに冷蔵保存（野菜室ではなく冷蔵庫）をして、できるだけ早めにいただきましょう。一度に食べ切れない場合は、皮ごと保存袋に入れて冷凍するとおいしい状態が保てます。使うときは凍ったまま、皮ごと調理します。食感を損なうので自然解凍はしません。

ひげは栄養素の通り道で漢方にも使われる

とうもろこしのひげは1本1本がそれぞれ実とつながっており、栄養素や水分を運ぶ役割をしています。つまり、ひげの本数と実の数は同じで、ひげが多いものは実がしっかりつまっている証といえます。栄養素の通り道であるひげは、漢方では「南蛮毛《なんばんもう》」と呼ばれ、クセもなく食べることもできます。むくみ対策などに使われており、アレルギー抑制分野での研究も進められています。皮や芯は食べることは難しいですが、皮はクッキングシートの代わりとして蒸し器などに敷いて使えますし、芯からはよいだしが取れるので最後まで使い切りましょう。

とうもろこしの皮で包む中華ちまき

見た目にもかわいい、ちょっと小ぶりなちまきです。具材にもとうもろこしの実とひげを使います。チャーシューを入れると、ぐっと本格的な味わいに。代わりにウインナーやベーコンを使うと洋風ちまきになります。

材料（10 個分）

とうもろこしの皮……３本分
とうもろこしの実……50g
とうもろこしのひげ
……1～2g（1/4 本分）
もち米……1合
チャーシュー……3枚（30g）
バター……10g
水……100cc
しょうゆ……大さじ 1/2

作り方

❶ とうもろこしの皮は水洗いをし、ひげは細かく刻む。
もち米は研ぎ、冷蔵庫で1時間浸水させ、ザルにあげる。チャーシューは角切りにする。

❷ フライパンにバターを入れて中火で熱し、とうもろこしの実、ひげ、もち米、チャーシューを炒める。

❸ もち米が透き通ってきたら水、しょうゆを加え、汁気がなくなるまで炒める。

❹ ❸をとうもろこしの皮で包み、料理用たこ糸などで結ぶ。三角形、またはキャンディ状お好みで。

❺ ❹をせいろなどで 15 分ほど蒸して、蓋をしたままさらに 15 分ほど蒸らす。

①点線で折って三角形の
ポケットを作る。

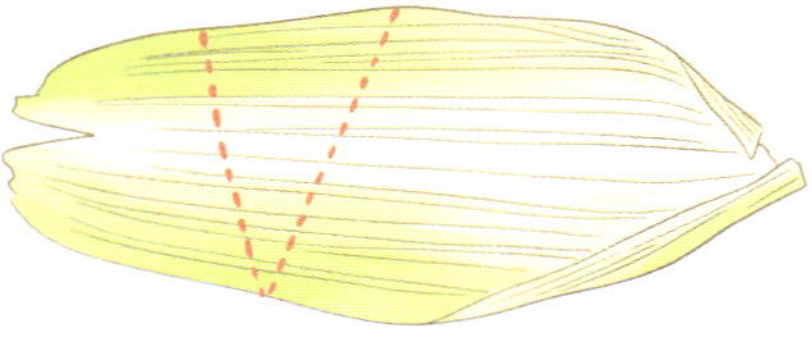

②ポケットに具材を
詰め、残りの
皮で包む。

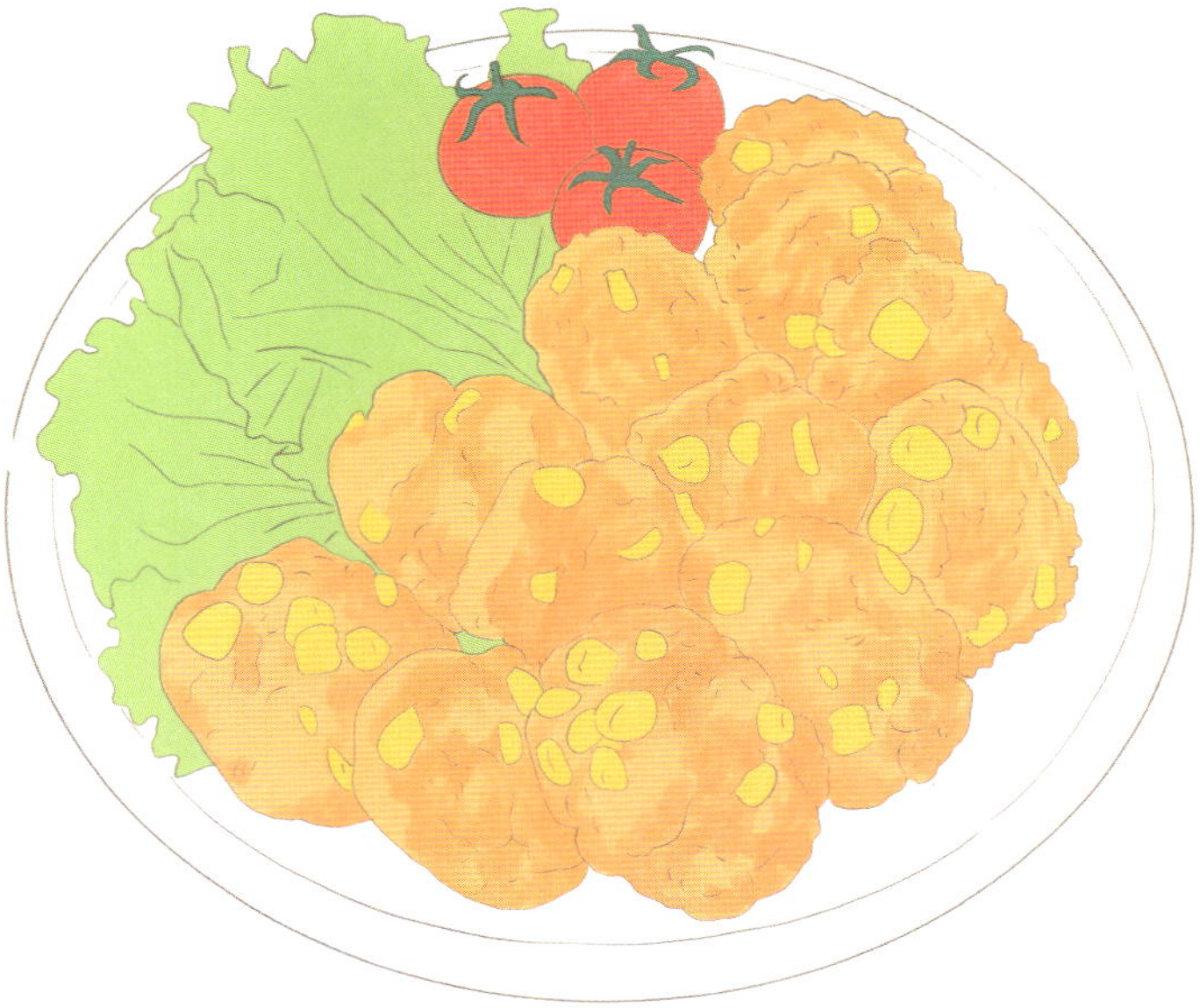

とうもろこしのはんぺんナゲット

とうもろこしをひげごと使い、はんぺんや鶏ひき肉と合わせてナゲットに。とうもろこしに片栗粉をまぶすことで生地がまとまり、扱いやすくなります。メインとしてのボリュームもばっちりで、お子さんにもよろこばれます。

材料

とうもろこしの実……1本分（170g）
とうもろこしのひげ……1本分（5g）
はんぺん……1袋（100g）
鶏ひき肉……150g
たまご……1個
コンソメ……小さじ1
片栗粉……大さじ2
サラダ油……適量

作り方

1. とうもろこしのひげは1cm 幅に刻む。
2. ボウルにはんぺんを入れてマッシャーやフォークでつぶし、鶏ひき肉、たまご、コンソメを加えてよくこねる。
3. とうもろこしは実とひげを合わせて片栗粉をまぶし、2に加えてよく混ぜる。
4. 3を適量スプーンですくって形をととのえ、180℃の油で中までしっかり火が通るよう揚げる。

ポイント 片栗粉をとうもろこしの実とひげに前もってまぶしておくことで、片栗粉が接着剤となって肉だねからはがれにくくなります。

なす

野菜

32

廃棄率
10%
5.2%
※ヘタのみ廃棄

ファイトケミカルのナスニンは皮に多い

なすにはナスニンというファイトケミカルが含まれます。ファイトケミカルは植物中に存在する天然の化学物質のこと。具体的には、植物が虫や紫外線などから身を守るために出す香りや色素、アクなどのことで、抗酸化作用を持ち、生活習慣病や老化対策に役立ちます。リコピンやカテキン、大豆食品に多いイソフラボンなどもファイトケミカルです。ナスニンは紫色の皮のほうに多く含まれますが、水溶性なので煮たりゆでたりすると流れ出てしまいます。油で炒めるなどして表面を油でコーティングすると留まりやすくなります。また、ヘタは包丁で一気に切り落とさず、ヘタに沿って包丁を入れ鉛筆のように先を尖らせるようにすると廃棄率を下げられます。

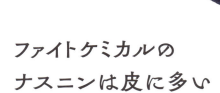

なすのラザニア

ラザニアのパスタシートの代わりに、なすをはさみます。なすは薄切りにして、オリーブオイルで焼いたものを使うとソースがよくなじみます。ソース類は市販品でもOK。

材料

なす……3本
バター……20g
薄力粉……大さじ2と1/2
牛乳……250cc
コンソメ……小さじ1
オリーブオイル……大さじ2
ミートソース（p.192参照）……250g
ピザ用チーズ……50g

作り方

① ホワイトソースを作る。耐熱ボウルにバターを入れて600wの電子レンジで40秒加熱し、バターが溶けたところに薄力粉を加え、泡立て器でよく混ぜる。
② ①に牛乳を加えてよく混ぜ、600wの電子レンジで1分30秒加熱して全体が均一になるまで混ぜる。
③ さらに1分30秒加熱して混ぜるを2回繰り返したら、コンソメを加え全体を混ぜる。
④ オーブンは200℃に予熱する。なすは縦5mm幅にスライスする。
⑤ なすは2回に分けて焼く。フライパンにオリーブオイルの半量をひいて中火で熱し、④のなすの半分を両面焼く。残りのなすも同様に両面焼く。
⑥ 耐熱容器にミートソースを1/3量入れてのばし、⑤のなすを1/3量並べたら、ホワイトソースを1/3量入れてのばす。これを繰り返し、一番上の層はミートソースの上にホワイトソースとピザ用チーズをのせる。
⑦ オーブンでこんがり焼き目がつくまで30～40分焼く。

なすのみそマヨ炒め

相性のよいなすとみそに、マヨネーズを加えてクリーミーに仕上げました。とても簡単ですが、コクがありごはんにも合う副菜です。肉を加えると、主菜にもなります。

材料

なす……2本
サラダ油……大さじ1

Ⓐ
マヨネーズ……大さじ1
みそ……大さじ1/2
すりおろしにんにく……小さじ1/4

作り方

① フライパンにサラダ油をひいて中火で熱し、乱切りにしたなすを炒める。
② なすがしんなりしてきたら、混ぜ合わせたⒶを加え、からめながら炒める。

にら

廃棄率
5%
0.0%

にらのエスニックおひたし

にらはナンプラーと相性抜群ですが、白だしを合わせると一風変わったおひたしに。にらを縦の方向にまとめて卵黄を乗せ、見た目にも美しく仕上げます。パワーをつけたいときの副菜にぴったりです。

材料

にら……1/2 束
卵黄……1個

Ⓐ
ナンプラー……小さじ1
白だし……小さじ 1/2
水……大さじ1

作り方

1. 鍋にお湯をたっぷり沸かし、にらはカットせずに1分半ゆでる。
2. ゆであがったら水にさらし、端をそろえて束にする。
3. 水気をしぼり、5cm 幅に切りそろえる。
4. 器に盛り、上から軽く押しながらねじるようにして形をととのえる。
5. Ⓐを合わせて④にかけ、卵黄をのせる。余った卵白はスープなどに使う。

大人気のアジア野菜はトップレベルの栄養価

にらは中華料理や韓国料理の材料としての需要が高く、アジアを代表する大人気の野菜のひとつです。栄養素も豊富で１００ｇあたりのβ-カロテンはブロッコリーの３・９倍。そのほかにも、ビタミンEは小ねぎと比較して１・９倍、カリウムは１・６倍など、栄養面でも優秀な食材といえます。廃棄率はもともとそこまで高くはないですが、白い株元まで食べれば捨てるところはほぼありません。汚れている部分だけを取りのぞきます。白い株元は緑の葉より少し長めに火を通せば支障ありません。

ビタミンB_1を多く含む食材と一緒に食べる

にらといえば、スタミナ料理のイメージがある方も多いでしょう。これはにら独特のにおい成分であるアリシンが関係しています。アリシンはビタミンB_1の吸収を高める作用があります。ビタミンB_1は不足すると疲労感を引き起こす原因になるため、スタミナ維持にはビタミンB_1の吸収を高める作用のあるアリシンを一緒に摂るといいのです。ビタミンB_1は卵黄、鶏肉、豚肉（特にレバー）などに多く含まれますから、にらと一緒に食べることを意識してみましょう。

にらとサラダチキンの生春巻き

新鮮なにらは生で食べてもおいしく、栄養素も逃しません。電子レンジで作るサラダチキンと合わせ、生春巻きでヘルシーにいただきます。鶏むね肉はそぎ切りにすると厚みが薄くなり、火の通りがよくなります。

材料

にら……1/2 束
パプリカやにんじん……お好みで
ライスペーパー……5、6枚
水……適量
鶏むね肉……1枚（300g）

Ⓐ 酒……大さじ1
　水……大さじ1
　塩……ひとつまみ

スイートチリソース……適量

作り方

① サラダチキンを作る。鶏むね肉はドリップを拭き取り、そぎ切りで3等分にする。
② 耐熱容器に①を重ならないようにして並べ入れ、合わせたⒶをかける。
③ ふんわりとラップをして、600w の電子レンジで4分加熱する。鶏むね肉を裏返して、さらに2～3分加熱する。
④ 中心部までしっかりと火が入ったら冷まして手でほぐし、耐熱容器に残った肉汁と和える。
⑤ 生春巻きを作る。にらは6cm 幅に切り、パプリカやにんじんは千切りにする。
⑥ ライスペーパーはパッケージ記載の戻し方を参考に水にさらしてクッキングシートの上に広げ、にら、パプリカ、サラダチキンをのせてきつく巻く。
⑦ 半分に切り、スイートチリソースをつけていただく。

にらとキムチのチーズチヂミ

生地に片栗粉を使ったもちもち食感のチヂミで、チーズが全体をまろやかに包みます。ごま油を多めに使い、香り豊かに焼きあげるのがポイント。しっかり味がついているので、何もつけずにそのままお召しあがりいただけます。

材料

にら……1/2 束
キムチ……80g
ピザ用チーズ……40g
ごま油……大さじ1

Ⓐ
たまご……1個
片栗粉……50g
水……50cc
鶏ガラスープの素……小さじ 1/2

作り方

❶ にらは3cm 幅に切る。
❷ ボウルにⒶを入れ、全体が均一になるまで混ぜて生地を作る。
❸ ❶とキムチ、ピザ用チーズを加えて混ぜ合わせる。
❹ フライパンにごま油をひいて中火で熱し、❸を流し入れる。こんがり焼けたら裏返して同様に焼く。
❺ 器に盛り、食べやすく切り分ける。

ポイント キムチは汁があれば汁ごと入れます。（水はその分減らします）あさりやイカなどの海鮮類、薄切りの豚肉や牛肉などを入れてもおいしくいただけます。

野菜

34

もやし

廃棄率
2%
0.0%

意外とたんぱく質が豊富な節約食材

1年を通して低価格を維持しているもやしは、私たちの食生活を支える節約食材です。ほとんど捨てる部分がなく、洗うだけで使える点も優れています（洗浄不要のものも出ています）。ひげを取ると口当たりはよくなりますが、手間がかかるうえにごみも増えますから、できるだけ処理せず食べてみてはいかがでしょうか。ひげはゆでるよりも、炒め物にしたほうが気になりません。栄養素の点から見ると、非常に低カロリーですが、原料は豆類なのでたんぱく質が意外と豊富で、カルシウムやマグネシウム、鉄、亜鉛など幅広いミネラルも含んでいます。

もやしのササッとポン酢炒め

もやしのシャキシャキ食感を最大限に感じられる炒め物です。もやしの水分をキープするために、強火で一気に炒めます。シンプルながらも、何度も作りたくなる1皿です。

材料

もやし……1袋
ごま油……大さじ1
すりおろしにんにく……小さじ 1/2
Ⓐ［ポン酢……大さじ1と 1/2
　　鶏ガラスープの素……小さじ 1/2
黒こしょう……少々

作り方

① フライパンにごま油、すりおろしにんにくを入れて強火で熱し、香りが立ってきたらもやしを入れる。
② 全体に油がまわったらⒶを加えてさっと炒める。
③ 器に盛り、黒こしょうをふる。

もやしのごま豆乳スープ

フライパンひとつで作れる担々風スープです。もやしたっぷり、豆乳や豆腐も入ってたんぱく質もしっかり摂ることができます。豆腐は包丁では切らずに、スプーンや手でくずして入れたほうが、味がよくからみます。

材料

もやし……1袋
小ねぎ……1/2 束
豚ひき肉……150g
ごま油……大さじ1
水……150cc
豆乳……250cc
豆腐……半丁（150g）
Ⓐ［すりごま……大さじ2
　　鶏ガラスープの素……小さじ2
　　みそ……小さじ1
ラー油……お好みで

作り方

① 小ねぎは3～4cm 幅に切る。
② フライパンにごま油をひいて中火で熱し、豚ひき肉を炒める。
③ 色が変わったら、①ともやしを加えさっと炒める。
④ 水、豆乳を入れ、豆腐をスプーンまたは手でくずし入れる。
⑤ 沸いたら弱火にして1～2分煮込み、Ⓐを加える。
⑥ 器に盛り、お好みでラー油をかける。

column
01

食材を使い切る
廃油

揚げ物などで使い終わった油。捨てればただのごみですが、うまく活用できれば石けんや飼料等に生まれ変わる大事な資源となります。回収・再利用の活動を行っている自治体も多いので、チェックしてみてください。ご自宅で再利用するなら「手作り石けん」「手作りキャンドル」がおすすめです。簡単にでき、環境について考える機会にもなるので、お子さまの自由研究としてもいいですね！

手作り石けん

主に、洗濯・皿洗い・掃除用として使います。泥汚れや油汚れなど、しっかり落としてくれますよ。自然にかえりにくい合成界面活性剤不使用なのもうれしい点です。手作り石けんによく使われる苛性ソーダは少々取り扱いが難しいため、我が家では苛性ソーダ不使用、混ぜるだけの石けんキットを使っています。

手作りキャンドル

油凝固剤を利用したキャンドルです。アロマオイルを入れて香りをつけたり、クレヨンを使ってかわいらしい色のものを作ることもできます。作りおいて非常灯にするのもいいですね。

材料

廃油、たこ糸、油凝固剤、耐熱容器（シリコンカップ・紙コップなど）、爪楊枝

作り方

1. 油かすなどがあればコーヒーフィルターやキッチンペーパーでこして取りのぞく。
2. たこ糸は耐熱容器の高さに切る。
3. 油凝固剤のパッケージ記載の分量通りに凝固剤を廃油に溶かし、耐熱容器の８分目まで注ぐ。
4. 表面が固まってきたら中央に爪楊枝で穴をあけ、たこ糸を差し込み冷ます。

捨てないレシピ

果物

果物

35

りんご

廃棄率
15%
↓
9.4%

※つると芯のみ廃棄

くし切りではなく輪切りにするのが正解

りんごはもっとも古い歴史のある果物で、私たちにとって身近なフルーツのひとつです。秋から冬にかけて旬を迎えます。くし切りにして食べることが多いと思いますが、生産者の方もおすすめしているのが輪切りです。横に1cm程度の輪切りにして、型抜きなどで芯だけをくり抜きます。この切り方だと芯のギリギリまで食べることができるうえに、実に対して皮の割合が少ないので皮つきのままでも食べやすくなります。このカットの仕方にするだけで廃棄率を5%以上も下げることができます。

皮にはビタミンEやポリフェノールが4倍以上含まれる

りんごの皮やそのまわりには栄養素がたっぷり。皮は果肉に比べ、ビタミンE、ポリフェノールともに4倍以上含まれているという報告もあります。食物繊維の一種であるペクチンも皮に多く含まれています。ビタミンEやポリフェノールは強力な抗酸化作用があり、ペクチンは善玉菌を増やし便秘対策に役立ちます。また、テカテカと光っている皮は人工的なものではなく、リノール酸やオレイン酸が皮に出てきているもの。食べ頃のサインですからぜひおいしくいただきましょう。

皮ごとりんごバター

りんごを皮ごと焼いて、ペースト状にしたものをバターと合わせます。ふわっと甘く、バターの香りが豊かに鼻を抜けていきます。お好みでシナモンをふりかけて。

材料

りんご……1個
バター……100g
砂糖……大さじ1
レモン汁……大さじ 1/2

作り方

1. バターは常温に戻す。りんごは皮ごと1cm 幅の輪切りにして芯を取り、さらに半分にカットする。
2. フライパンにバター 10g（分量内）を入れ中火で溶かす。
3. ❶のりんごを並べ入れ、砂糖とレモン汁をふりかけて焼き、りんごがきつね色に変わってきたら裏返す。全体的に色づいたら火を止め、冷ます。
4. 冷めたらブレンダーやミキサーでペースト状にして、残りのバターを混ぜ合わせる。
5. 清潔な容器に入れて、冷蔵保存する。

ポイント バターが分離しないよう「りんごの水分はじっくり飛ばす」「焼いたりんごは冷ます」「しっかりペースト状にする」「バターは常温に戻す」の4点を守ってください。

りんごとチキンのおかずサラダ

りんごを皮ごとすりおろして漬け汁に使い、鶏肉を焼いたあとに残った煮汁はドレッシングにして余すことなく使います。りんごに含まれる酵素の力で、鶏肉がやわらかく仕上がります。鮮やかな彩りでおもてなしにも。

材料

鶏もも肉……1枚（300g）

Ⓐ
- すりおろしりんご（皮ごと）……1/4個分
- しょうゆ……大さじ1
- 酒……大さじ1
- すりおろししょうが……小さじ1/2
- すりおろしにんにく……小さじ1/2

りんご酢……大さじ1/2
砂糖……小さじ1
オリーブオイル……小さじ1
ベビーリーフ……適量
りんごやミニトマト……お好みで
ドライパセリ……少々

作り方

1. Ⓐを混ぜて漬け汁を作り、ひと口大に切った鶏もも肉を漬けて冷蔵庫で30分ほど寝かせる。
2. 鶏もも肉の漬け汁をしっかり拭き取り、皮を下にしてフライパンに広げ、焼き目がつくまで中火で焼く。
3. 皮がこんがり焼けたら裏返し、残っている漬け汁を加えて蓋をし、弱火で7〜8分煮る。
4. 鶏もも肉に火が通ったら皿などに取り出す。
5. フライパンに残っている煮汁にりんご酢と砂糖を加え、さっと煮る。
6. 火を止めてオリーブオイルを加えてよく混ぜ、ドレッシングを作る。
7. 器にベビーリーフを盛り、食べやすく切った鶏もも肉をのせ、6のドレッシングをかける。お好みでりんごやミニトマトを飾り、ドライパセリをふる。

ポイント 鶏もも肉を焼くときに漬け汁が残っていると、こげやすくなるのでしっかり拭き取りましょう。

りんごの皮のプルコギソース

捨ててしまいがちなりんごの皮ですが、そのフルーティーな風味を活かしてプルコギソースを作ることができます。味の決め手はコチュジャンですが、なければ少量のみそでも代用可能です。これで作るプルコギは絶品。

材料（できあがり約200cc）

りんごの皮……1個分
たまねぎ……1/4個分
Ⓐ しょうゆ……大さじ4
酒……大さじ2
ごま油……大さじ2
砂糖……大さじ1
コチュジャン……小さじ2
すりおろししょうが……小さじ1/2
すりおろしにんにく……小さじ1/2

作り方

❶ りんごの皮とたまねぎはすりおろす。りんごの皮をすりおろすのが難しい場合は、できるだけ細かくみじん切りにする。
❷ ❶とⒶをよく混ぜる。清潔な容器に入れて冷蔵保存する。

プルコギ

材料を漬け込んで炒めるだけ。甘辛い味わいがあと引くおいしさです。辛めがお好みの方は豆板醤を加えても。その際は小さじ1の油で豆板醤を炒めてから材料を入れると、香りや風味を最大限に引き出すことができます。

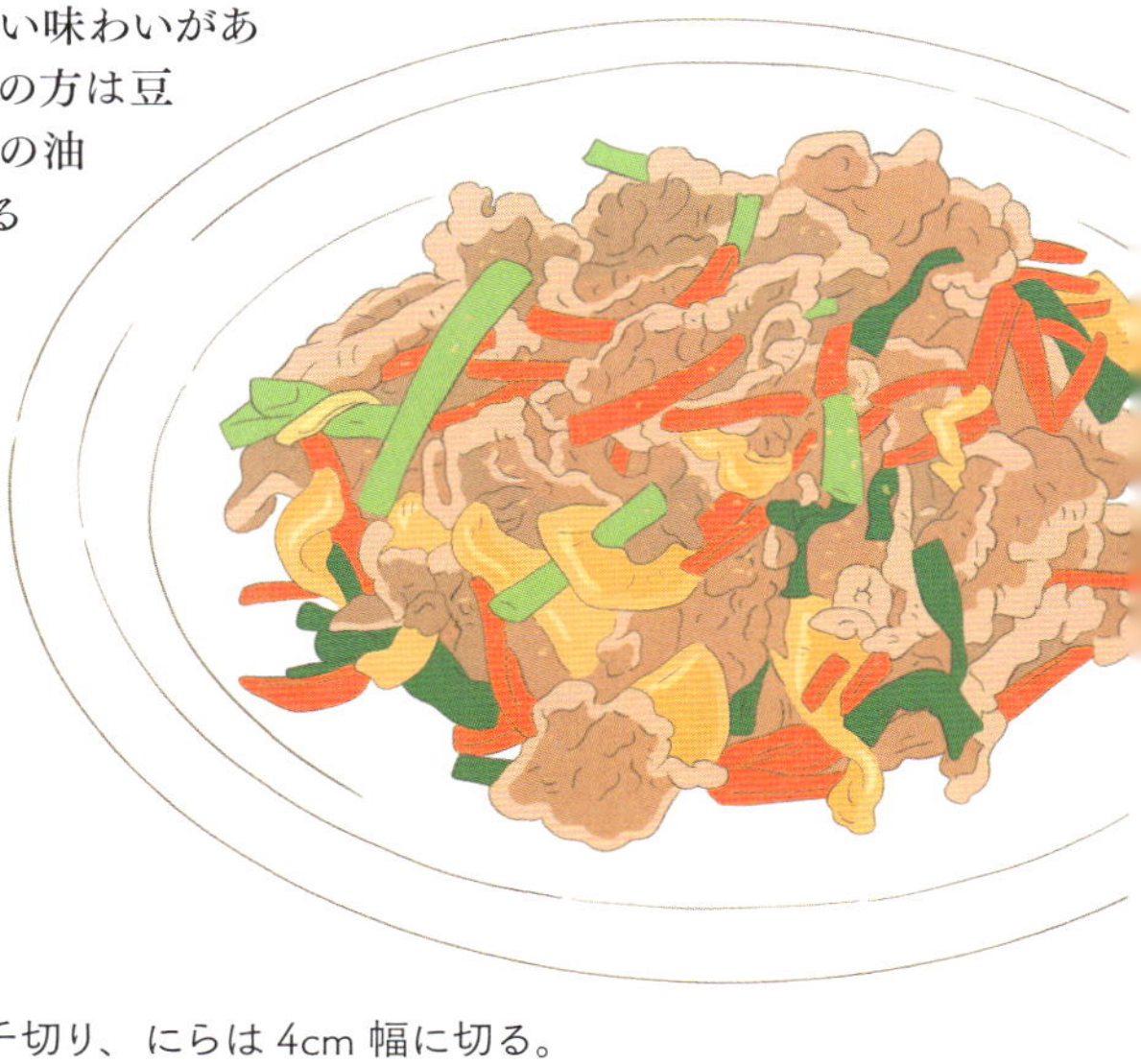

材料

りんごの皮のプルコギソース（上記参照）……200cc
たまねぎ……1/4個
にんじん……30g
にら……1/2束
牛肉（薄切り）……150g
いりごま……適量

作り方

❶ たまねぎは薄切り、にんじんは千切り、にらは4cm幅に切る。
❷ プルコギソースに❶と牛肉を漬けてもみ込み、15分ほどおく。
❸ フライパンを中火で温め、❷を火が通るまで炒める。仕上げにいりごまをふる。

果物

36

みかん・レモン

廃棄率
20%
1.4%未満

※ともにヘタと種のみ廃棄

おいしくて栄養面でも優れている果物

手軽に食べられるみかんは、おいしさはもちろん栄養面でも優れており、β-カロテンやビタミンCなどが豊富です。特にビタミンCはみかん3個（可食部300g）で1日の必要量のほとんどをまかなうことができるほどです。また、冬にみかんをたくさん食べる人は、夏になっても血中β-クリプトキサンチン濃度が高いことが分かっています。この成分は体内に蓄積される特徴があるためで、生活習慣病対策につながるとされています。レモンはビタミンCのほか、香り成分であるリモネンが豊富です。特に皮に多く含まれ、リラックス作用やダイエットにおいて注目されています。

白い筋は取りのぞかずにそのまま食べよう

みかんやレモンなどの皮にある白い筋には、ポリフェノールの一種であるヘスペリジンが含まれます。毛細血管を保護し、血管の老化対策に役立ちます。また、オーラプテンやノビレチンといった成分も含まれていますが、これらはほとんどが皮に含まれており、それぞれ免疫力や抗アレルギー分野での研究が進められています。ここでは紹介しきれませんでしたが、皮はピールやマーマレードジャム、フレーバーウォーター、食用以外にも入浴剤やポプリ、シンクの掃除など多様な活用法があります。

はちみつレモン

皮ごとおいしく食べられる、甘酸っぱいレモンのはちみつ漬けです。そのままでも食べられますが、お湯で割ってホットレモンにしたり、炭酸水で割ってレモンスカッシュ、紅茶に入れてレモンティーにしてもよいでしょう。

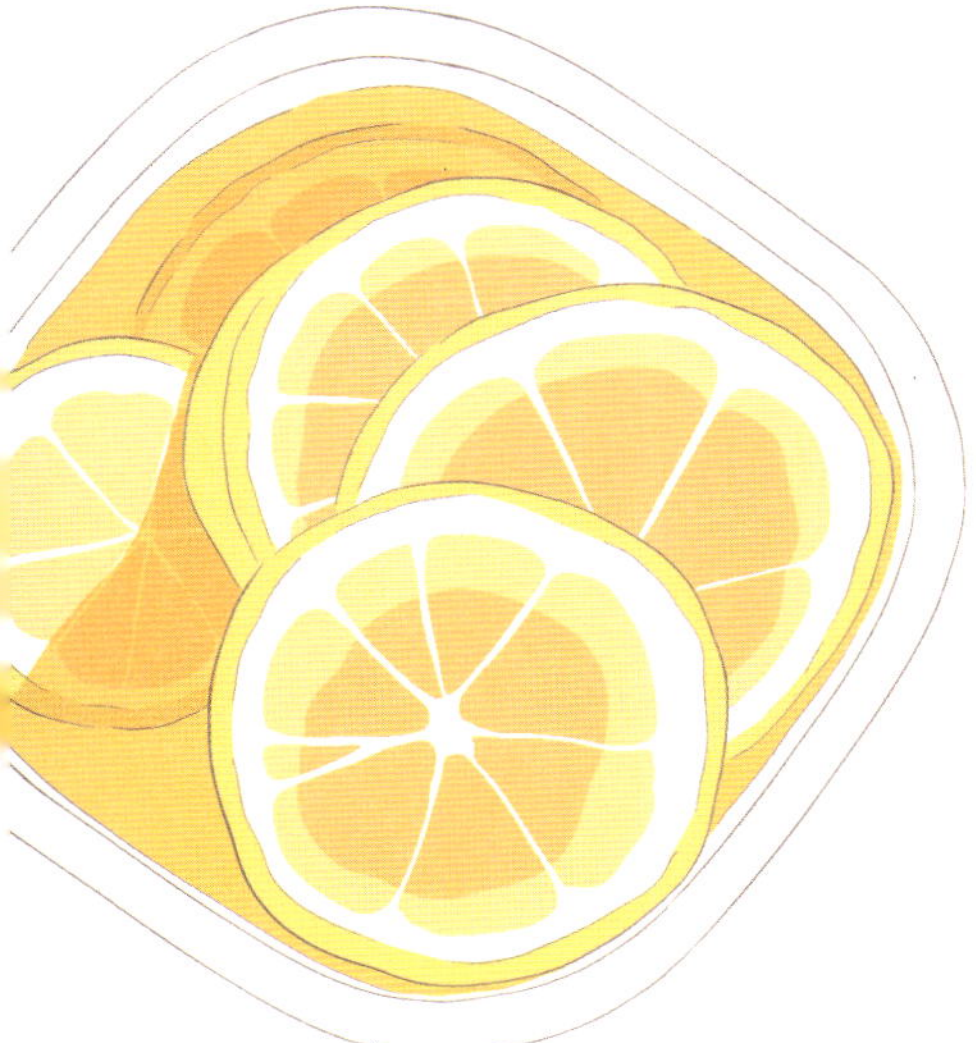

材料

レモン……1個
はちみつ……適量

作り方

1. レモンは幅3mmほどの輪切りにする。
2. 清潔な保存容器にレモンを並べ入れ、はちみつを適量かける。これを繰り返す。最後はレモンがひたひたにつかるまではちみつを入れる。
3. 蓋をして冷蔵保存する。翌日から食べられるが、1週間ほどするとしっかり漬かり、皮までおいしく食べることができる。

ポイント レモンとはちみつを交互に重ね入れていくことで、より早くはちみつがレモンになじみます。

みかんの皮の塩こうじ

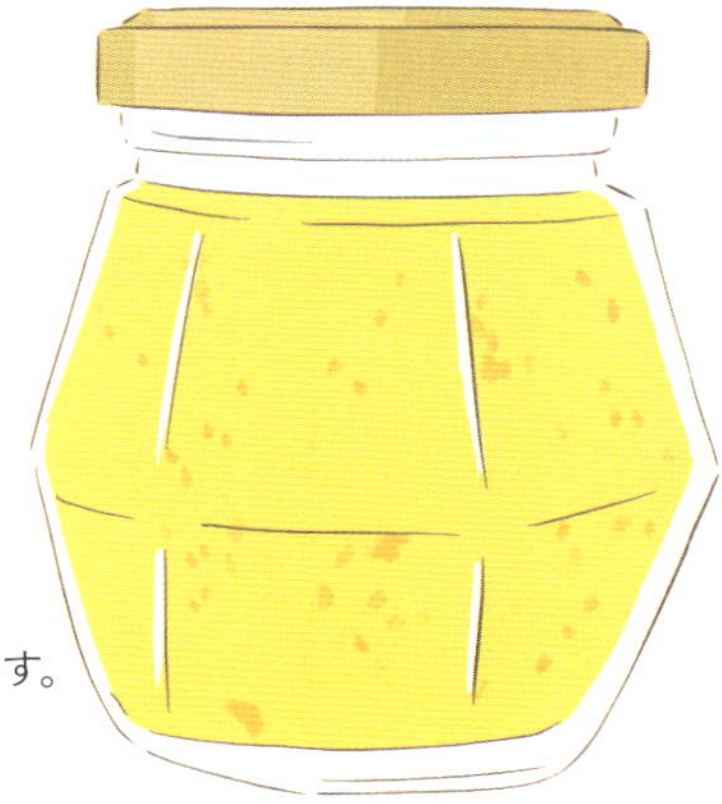

さわやかな風味の塩こうじはから揚げの下味に使ったり、きゅうりやかぶを漬けたり、ドレッシングに入れたりと、いろいろ活用できる万能調味料です。

材料

みかんの皮……50g
塩こうじ……100g

作り方

❶ 材料をすべてミキサーに入れ、なめらかになるまでまわす。
❷ 清潔な容器で冷蔵保存。作りたてでも食べられるが、1週間ほどおくと味がなじみまろやかになる。

みかんの皮香る鶏飯《けいはん》

鹿児島県奄美地域の郷土料理、鶏飯。スープをかけ、だし茶漬けのようにしていただきます。具材それぞれの味を活かしたやさしい味つけです。

材料（2人分）

みかんの皮……適量
しいたけ……2個
Ⓐ
- 水……100cc
- しょうゆ……大さじ1
- みりん……大さじ1
- 砂糖……小さじ1

ささみ……3本
鶏ガラスープの素……小さじ2
水……600cc
たまご……1個
ごはん……適量
小ねぎ……適量
紅しょうが……適量

作り方

❶ しいたけ煮を作る。しいたけは食べやすくスライスする。
❷ 鍋にしいたけとⒶを入れ、汁気がほとんどなくなるまで弱火で煮る。
❸ スープを作る。ささみは筋を取る。
❹ 鍋に水と鶏ガラスープの素を入れ中火にかけ、沸いたらささみを入れる。
❺ 再沸騰したら弱火にして 15 分ほど煮る。ささみを取り出し、手でほぐす。
❻ たまごは薄焼きにし、錦糸卵を作る。みかんの皮は千切り、またはみじん切りにする。小ねぎは小口切りにする。
❼ 器にごはんを盛り、しいたけ煮、ささみ、錦糸卵、みかんの皮、小ねぎ、紅しょうがを盛りつける。
❽ ❺のスープをあたためて❼にかける。

ウィークエンドシトロン

まるごとレモンを1個使ったレモンケーキ、ウィークエンドシトロン。削った皮と果汁のみを使用するレシピが多いですが、ここでは果汁、皮、白い筋まですべて練り込みます。レモンの風味が強く、栄養もたっぷりです。

材料（奥行22cm × 幅9cm × 高さ6cm のパウンドケーキ型使用）

レモン……1個
無塩バター……100g
グラニュー糖……90g
たまご……2個
薄力粉……100g
ベーキングパウダー……小さじ1/2
Ⓐ［粉砂糖……80g
　 レモン汁……大さじ1
パンプキンシード（p.38 参照）
……お好みで

作り方

1. 無塩バターとたまごは常温に戻す。パウンドケーキ型は必要に応じてバター（分量外）を塗るか、クッキングシートを敷く。オーブンは170℃に予熱する。
2. レモンは種を取って果汁をしぼり、残りは皮ごと細かいみじん切りにする。
3. ボウルに無塩バターを入れてなめらかになるまで混ぜたらグラニュー糖を加え、白っぽくなるまですり混ぜる。
4. 溶きたまごを3回に分けて❸に加え、その都度しっかり混ぜる。
5. 薄力粉を大さじ1/2程度（分量内）ふり入れて混ぜ合わせ、❷を加えてさらに混ぜる。
6. 残りの薄力粉とベーキングパウダーをふり入れ、全体をさっくりと混ぜる。
7. 粉っぽさがなくなったらパウンドケーキ型に生地を流し入れ、ヘラで表面をならす。
8. オーブンに入れ15～20分焼き、表面が固まったらナイフで真っすぐ切り込みを入れる。（焼き上がりの表面がきれいに割れる）
9. オーブンに再び入れ、40～45分焼く。粗熱が取れたら、型からはずして冷ます。
10. 仕上げのアイシングをする。Ⓐを合わせ、濃い白色になるまでよく混ぜる。
11. ❿をケーキにまんべんなくかける。お好みでパンプキンシードをトッピングする。

ポイント 生地にレモン果汁を入れる前に少量の薄力粉を混ぜておくことで分離しにくくなります。

果物

37

バナナ

廃棄率
40%
3.3%

※両端のみ廃棄

手軽に栄養補給。多くの人から愛される果物

包丁やまな板いらず。手で皮をむくだけで食べられるバナナは世界中で愛されています。吸収の早い糖質と遅い糖質のどちらも含むので、エネルギー供給が持続し腹持ちがよい果物です。アスリートの補食にもよく取り入れられています。糖質のほかにもカリウム、ビタミンB群、ビタミンC、食物繊維など、幅広い栄養素を含みます。ビタミンB群は主にエネルギー代謝に関わっており、なかでもビタミンB_1は糖質を効率よくエネルギーに変える働きをサポートします。

冷凍保存でフローズンバナナを楽しむ

夏場は特に傷みやすく、気づいたときには真っ黒なんてことも。食べきれないバナナは、食べ頃の印であるシュガースポット（黒い斑点）が出てきた頃合いで冷凍保存するのがおすすめです。皮をむいてまるごとでもいいですが、使いやすさや収納のしやすさを考えると輪切りにするか、保存袋に入れて手でつぶし、薄く平らにのばして冷凍するのがよいでしょう。凍ったまま食べてもおいしいですし、ヨーグルトに入れたり、バナナを使ったスムージーやミルクセーキ、ラッシーなどのドリンク類にも使えます。

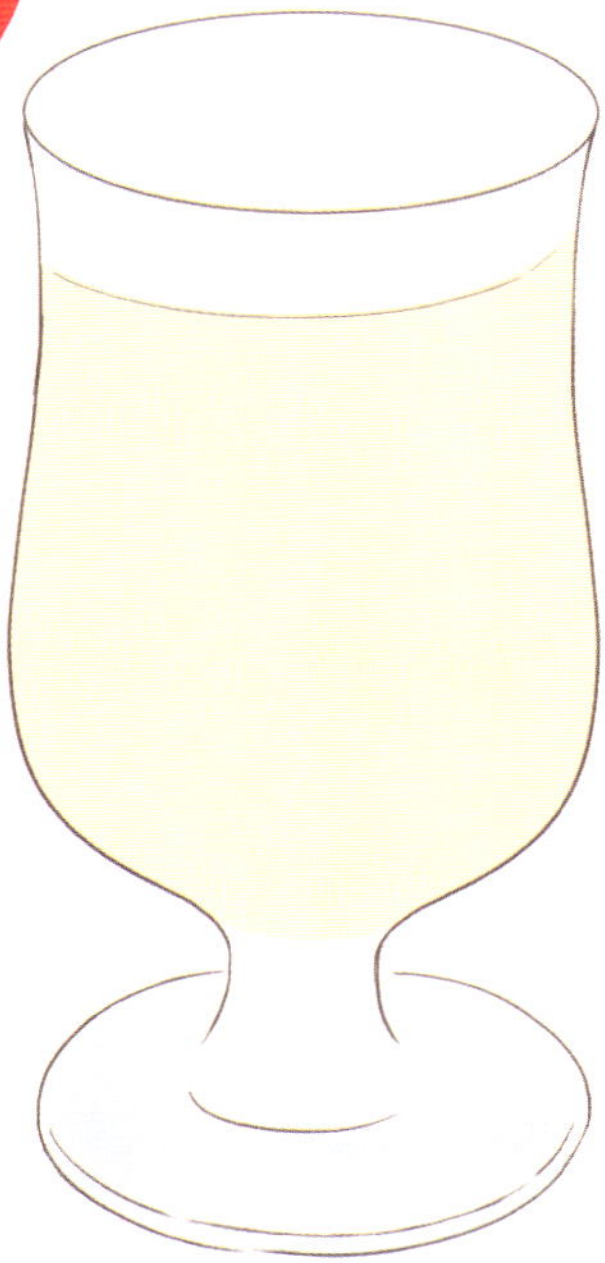

フローズンバナナのミルクセーキ

まるでアイスクリームを飲んでいるような、甘くて濃厚な味わい。子どもだけでなく、大人もはまるおいしさです。バナナ、たまご、牛乳が入って栄養満点なのでお子さんのおやつや、ダイエット中のたんぱく質摂取を兼ねた間食にも最適です。

材料

冷凍バナナ……1本分
たまご……1個
牛乳……200cc
砂糖……大さじ1

作り方

1. 冷凍バナナが大きい場合は適宜カットしする。
2. すべての材料をミキサー、またはブレンダーに入れてまわす。

ポイント バナナの甘さによって、砂糖の量を増減してください。一緒に氷を適量入れてミキサーをまわすと、シャリシャリ食感です。

皮ごとノンフライバナナチップス

バナナを皮ごと使う、自然な甘みのチップスです。オーブンならノンフライで調理できます。バナナは実だけではなく皮も残留農薬検査が行われており、ヘタ以外は食べても問題はありません。国産の無農薬バナナならより安心です。

材料

固めのバナナ……1本
ココナッツオイル……適量

作り方

❶ オーブンは120℃に予熱する。
❷ バナナはしっかり水洗いをして、水気を拭き取る。
❸ ❷を皮ごと2mm幅の輪切りにする。
❹ 天板にクッキングシートを敷いて、❸を重ならないように並べ、表面にココナッツオイルを薄く塗る。
❺ オーブンで、60～90分加熱乾燥させる。オレンジ色の焼き目がつくくらいが目安。
❻ 風通しのよい場所で冷ます。湿気ないよう、チャックつきの保存袋で保存する。

ポイント 熟したバナナはやわらかく、薄くスライスできないので、固いバナナが向いています。ココナッツオイルは、オリーブオイルや米油などに変えてもよいでしょう。バナナの糖度や厚みによって加熱時間が変わるので、様子を見ながら加熱してください。

焼きバナナのキャラメリゼ

外はキャラメル部分がカリッと香ばしく、中はバナナの皮をつけたまま焼くことで蒸され、とろっと食感になります。温かいバナナとバニラアイスがよく合うご褒美スイーツです。お好みでシナモンパウダーをふって召しあがれ。

材料

バナナ‥‥1本
グラニュー糖‥‥‥適量
アイスクリーム‥‥‥適量
シナモンパウダー‥‥‥お好みで

作り方

❶ バナナはしっかり水洗いをして水気を拭き取り、縦半分に切る。
❷ ❶の断面にグラニュー糖をたっぷりとふりかける。
❸ ❷の断面を下にしてフライパンに並べ入れ、中火でじっくりと焼く。
❹ グラニュー糖が溶けて飴色になったら裏返し、軽く焼く。
❺ 器に盛り、バニラアイスを添えてお好みでシナモンパウダーをふる。

ポイント グラニュー糖をたっぷり使うのが、カリカリキャラメリゼを作るコツです。バナナが熱々のうちにいただきましょう。加熱すると甘さが増すので、甘さ控えめのバナナをおいしくいただきたいときにもおすすめの食べ方です。

果物

38

キウイフルーツ

廃棄率
20%
1.2%

※イエローキウイの場合。
ヘタと繊毛のみ廃棄

皮も一緒に食べれば栄養がぐんとアップ

キウイフルーツは固いヘタ以外は食べられます。表面にはうぶ毛のような細い毛がありますが、水で濡らしながらまるめたアルミホイルでこすると毛が薄くなり、皮ごと食べやすくなります。サンゴールドキウイ®の場合、まるごと食べれば果肉だけを食べたときより、食物繊維は50%、葉酸は34%、ビタミンEは32%も多く摂ることができるそうです。また、冷凍保存も可能です。皮がラップの役割をはたすので、そのまま保存袋に入れるだけでOKです。

皮ごとキウイのスムージー

ヘルシーなグリーンスムージー。この1杯でビタミンC、鉄分、食物繊維などがたっぷり摂れます。小松菜はゆでずに、そのまま使うことができます。

材料

キウイ……1個
小松菜……70g
牛乳……200cc
はちみつ……お好みで

作り方

❶ キウイはアルミホイルでこすって毛を取ってから、まるごと冷凍しておく。
❷ ❶のヘタだけ取りのぞき、半解凍のまま2cm角に切る。小松菜はざく切りにする。
❸ ❷と牛乳、お好みではちみつを加えてミキサー、またはブレンダーにかける。

まるごとキウイのグリーンカレー

キウイを皮ごと使ったフルーティーなグリーンカレー。スパイス調合の必要がないのでお手軽です。ゆずこしょうを入れることでさわやかな香りが加わります。

材料

キウイ（完熟）……2個
なす……2本
ピーマン……3個
鶏もも肉……200g
オリーブオイル……大さじ1
すりおろしにんにく……小さじ1/2
すりおろししょうが……小さじ1/2
水……100cc
鶏ガラスープの素……小さじ2
ココナッツミルク……250g
ゆずこしょう……大さじ1
カレー粉……小さじ1
ナンやごはん……適量
ドライパセリ……お好みで

作り方

❶ キウイはアルミホイルでこすって毛を取り、ヘタを取りのぞいて皮ごとひと口大に切る。ミキサー、またはブレンダーでペースト状にする。
❷ なす、ピーマン（種・ワタごと）、鶏もも肉はひと口大に切る。
❸ フライパンにオリーブオイル、すりおろししょうが、すりおろしにんにくを入れて中火で熱し、香りが立ってきたら鶏もも肉を並べ入れ、両面焼き目がつくまで焼く。
❹ ❷の野菜を加えて炒め、しんなりしてきたら❶と水、鶏ガラスープの素を加える。ひと煮立ちさせ、中火で5分煮て汁気を飛ばす。
❺ ココナッツミルク、ゆずこしょう、カレー粉を加えて沸かし、5分ほど煮る。
❻ 器に盛り、お好みでドライパセリをふる。ナン、ごはんなどと合わせていただく。

果物

39

いちご

廃棄率
2%
0.0%

低カロリーでビタミンCはみかんよりも多い

いちごはみかんの1・9倍のビタミンCを含みます。いちご10個（150g）で1日に必要なビタミンCの約9割を摂取できる計算です。さらにカロリーを見ると、みかんよりも低く、バナナの1／3以下。ほかのベリー類と比べても低カロリーで、ダイエット中にはうれしい食材です。また、いちごには天然の甘味料であるキシリトールが含まれています。キシリトールは虫歯対策に役立つ成分であり、歯磨き粉に配合されるほか、特定保健用食品の成分としてガムやタブレットなどにも使用されています。

ヘタをつけたまま洗って ビタミンCをキープ

ヘタはそのままだと食べづらいですが、細かくしたり、乾燥させたりするとおいしくいただくことができます。とあるパティスリーでは、葉をのぞいたいちごのヘタを加熱乾燥させ、焼き菓子などに混ぜ込んで使っているそうです。ヘタを食べないという場合でも、水洗いする前に切り取らないようにします。いちごはヘタを取ってから洗うとビタミンCが一緒に流れていってしまうだけでなく、水っぽくなってしまいます。水洗いするタイミングは「食べる直前に、ヘタをつけたまま」が基本です。

ドライいちごのグラノーラ

いちごを加熱乾燥させてグラノーラに。ヘタもサクッと食感でおいしくいただけます。酸味の強いいちごや、傷みはじめてしまったいちごの救済にもおすすめです。ビタミンやミネラルが摂れるので朝食や間食にどうぞ。

材料

いちご……100 ～ 150g
シリアル、グラノーラ、オートミールなど（市販）……お好みのものを適量
牛乳や豆乳……適量

作り方

1. オーブンは 120℃に予熱する。
2. いちごはよく洗い、ヘタごと縦に5mm程度の厚さにスライスする。
3. 天板にクッキングシートを敷いて、❷を重ならないように並べ、オーブンで 60 ～ 90 分ほど加熱乾燥させる。
4. 冷めたら、シリアルやグラノーラ、オートミールと合わせて器に盛り、牛乳などをかけていただく。

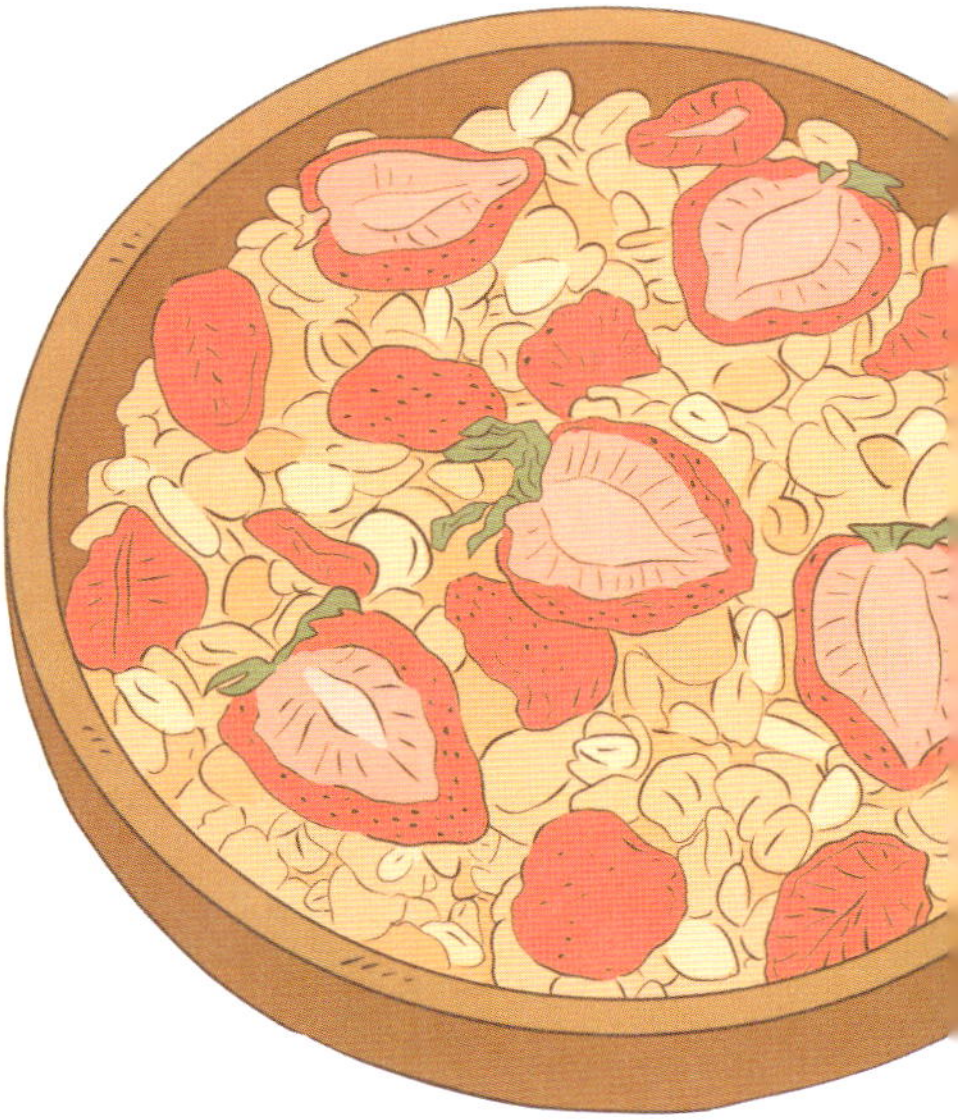

いちごの葉のドライパセリ風

いちごのヘタは、電子レンジで加熱乾燥させるとドライパセリのようになります。スープや料理のトッピングなど、ドライパセリと同様に使えますよ。葉は特に苦味はなく、果肉がついている部分にほのかな甘酸っぱさが感じられます。

材料

いちごのヘタ……1パック分

作り方

1. 耐熱皿にキッチンペーパーを敷いて
いちごのヘタを並べ、600w の電子レンジで
２～３分加熱する。さわってみて乾燥しきっていないようなら、
こげたり色が悪くならないよう様子を見ながら追加で加熱をする。
2. 冷めたらそのままキッチンペーパーで包み、もみ込んで粗めの粉状にする。
3. 清潔な保存容器や瓶に入れ冷蔵保存する。

ポイント 冷蔵庫で保存すると、緑色を保てます。市販のドライパセリも同様です。

ヘタごといちごのはちみつラッシー

ラッシーはインド発祥のヨーグルトをベースにしたドリンクです。ヘタつきのいちごをプラスして、ビタミンＣたっぷりです。カルシウムも豊富なので朝食や間食、さっぱりしているのでカレーを食べたあとのお口直しにも。

材料

いちご……50g
牛乳……100g
ヨーグルト……100g
はちみつ……小さじ2～
いちご（飾り用）……お好みで

作り方

1. いちごはへたごとよく洗って水気を拭き取り、材料をすべてミキサーにかける。

ポイント お好みに応じて、はちみつの量を調整してください。いちごをバナナやみかんなどに変えれば、いろいろなフルーツラッシーを楽しめます。

まるごといちごのクラフティ

クラフティは、カスタード生地を使ったフランスの伝統的なスイーツです。いちごの甘酸っぱさとカスタードのクリーミーな舌ざわりが絶妙にマッチします。温かいままでも、冷やしてもおいしく召しあがれます。

材料（奥行18cm × 幅22cm × 高さ3cm のホーロー容器使用）

いちご……100g
たまご……2個
グラニュー糖……50g
薄力粉……50g
生クリーム（または牛乳）……100cc
バニラエッセンス……あれば1、2滴
バター……適量
粉砂糖……お好みで

作り方

❶ オーブンは 170℃に予熱する。
❷ いちごはヘタごと縦 1/2 に切る。
❸ グラタン皿や耐熱容器にバターを塗る。
❹ ボウルにたまごとグラニュー糖を入れて泡だてないようにして混ぜ、薄力粉を加えてさらに混ぜる。
❺ 生クリームを加えて混ぜたら、バニラエッセンスも加えて軽く混ぜる。
❻ ❸に❺を流し入れ、いちごをバランスよく並べる。
❼ オーブンで 30 分焼き、完全に冷めたらお好みで粉砂糖をふる。

果物

ぶどう

40

廃棄率
20%
0.0%

※巨峰（種なし）
の場合

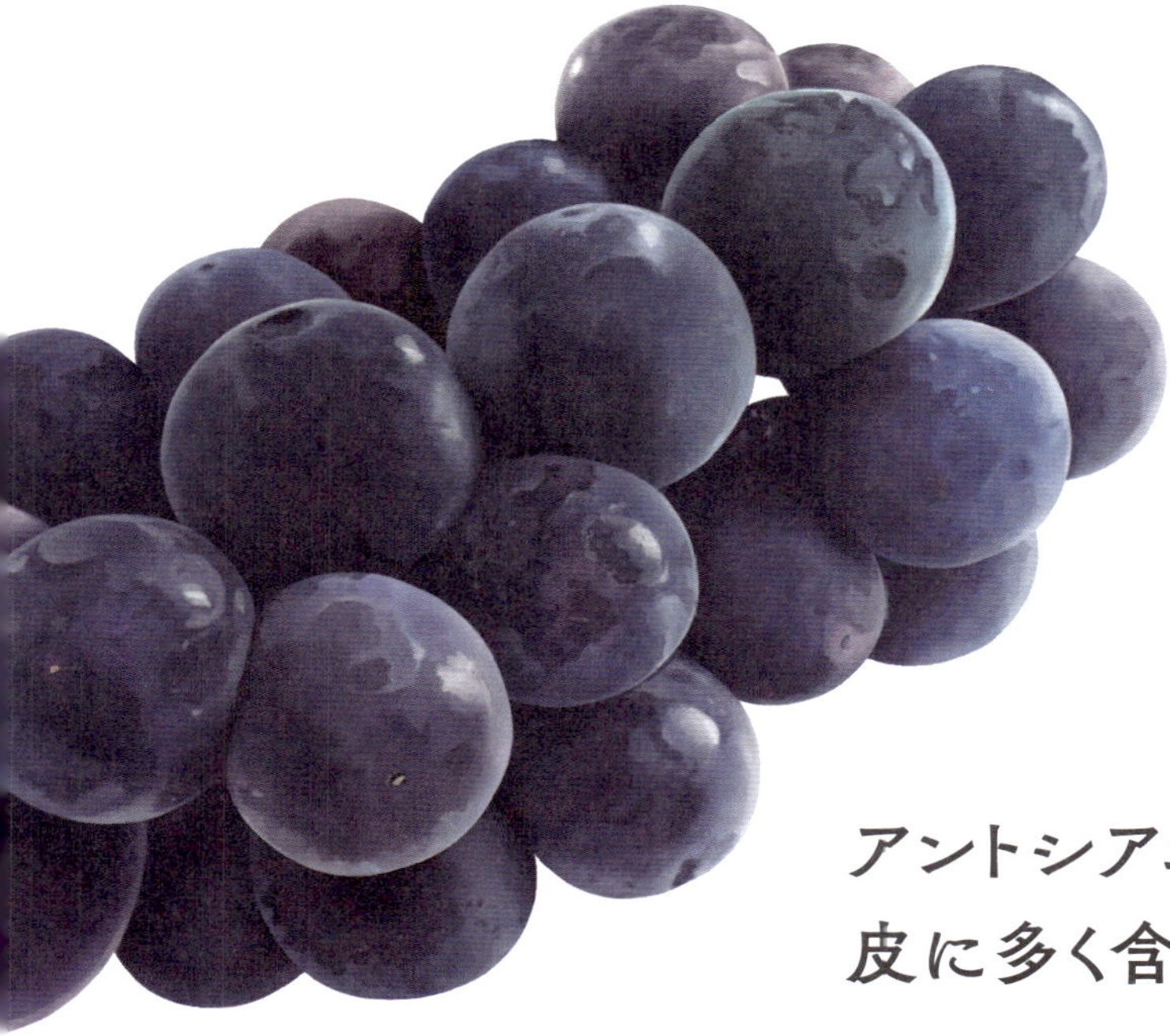

アントシアニンは皮に多く含まれる

ぶどうはポリフェノールにより、強い抗酸化作用が期待できます。特に注目したいのが、アントシアニンとレスベラトロールです。アントシアニンは生活習慣病の原因となる活性酸素を除去する作用があります。色の濃いぶどうほど含有量が高く、実よりも皮に豊富です。レスベラトロールは抗酸化作用のほか、長寿に関与する遺伝子を活性化するという論文の報告もあります。ちまたで「赤ワインを飲むと長生きできる」といわれている理由がここにあります。近年は皮ごと食べられる品種が人気ですが、抵抗があるという人は皮だけ別で調理したり、レーズンにしたりするとよいでしょう。

手作りレーズン

ぶどうをオーブンで乾燥させるだけで、セミドライのレーズンが完成。少し時間はかかりますが、市販品にはない芳醇な香りと濃厚な味わいです。

材料

小粒のぶどう（デラウェア、シードレスなど）……1房

作り方

❶ オーブンは 120℃に予熱する。
❷ 天板にクッキングシートを敷き、ぶどうをのせる。火の通りを考え、重なる部分は房からはずして並べる。
❸ オーブンに入れ、3時間ほど加熱乾燥させたらよく冷ます。

ポイント ぶどうの大きさや品種によって加熱時間が変わるので、様子を見ながら調整してください。

ぶどうの皮の赤ワインジャム

ぶどうの皮にブルーベリーを合わせた、ポリフェノールたっぷりのジャム。果実の渋みと赤ワインの香りが絶妙にマッチします。パンやクラッカーにのせたり、ヨーグルトに混ぜたり。いろいろ楽しめます。

材料

ぶどうの皮……1房分
冷凍ブルーベリー
……ぶどうの皮と合わせて 170g
砂糖……40g
赤ワイン……大さじ2
レモン汁……小さじ1

作り方

❶ ぶどうの皮は細かく刻む。きれいに皮をむくには、沸騰したお湯で 20 ～ 30 秒ゆで、その後冷水につけるとよい。
❷ 小鍋に❶、冷凍ブルーベリー、砂糖を入れ、中火で煮る。
❸ 水気が減りとろみがついてきたら、赤ワインとレモン汁を加えてさらに煮る。
❹ よく冷まして清潔な保存容器に入れ、冷蔵保存。

ポイント ぶどうの皮がやわらかくなるまで、水を足しながら煮ます。冷めるととろみが強くなるので、少しゆるめで火を止めましょう。冷凍ブルーベリーの代わりに、甘みがいまいちなぶどうを使っても。

果物

パイナップル

41

廃棄率
45%
37.1%
※はく皮のみ廃棄

廃棄率の高い
パイナップルを無駄なく活用

甘酸っぱくてジューシーなパイナップルは、カリウム、β-カロテン、ビタミンCなどを含みます。特にカリウムとビタミンCはみかんに勝る含有量です。購入したものが甘くなかった場合ですが、パイナップルは追熟できないので時間をおいても甘くなることはありません。ひと口サイズにカットしてから保存容器に入れ、砂糖やはちみつをかけてひと晩おくと果肉に甘みがしみ込みおいしくなります。またパイナップルは非常に捨てる部分が多い食材です。芯はジャムやドライフルーツに、皮はシロップ、肉の下処理などに活用してみてください。

パイナップルの芯のドライフルーツ

実に比べると少し甘みが少なく筋っぽい芯も、小さめのドライフルーツにするとぎゅっと甘みが凝縮され、食べやすくなります。そのまま食べたり、シリアルやヨーグルトに。

材料

パイナップルの芯……適量

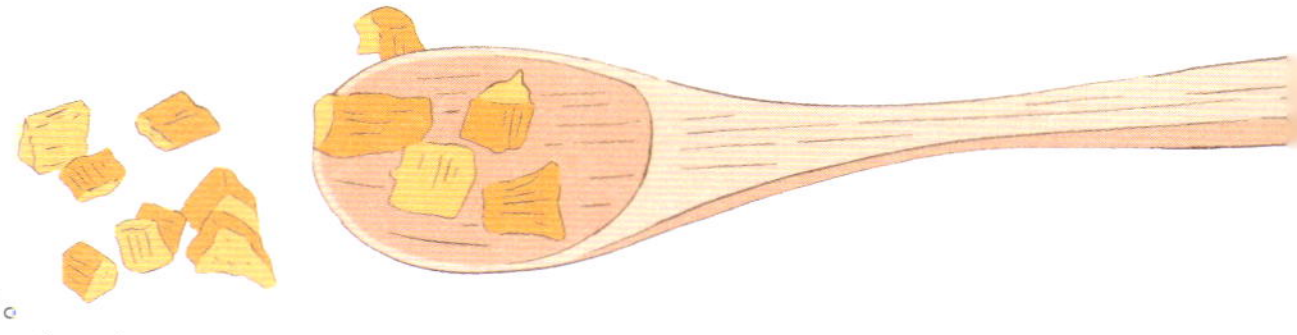

作り方

1. オーブンは120℃に予熱する。
2. パイナップルの芯は7～8mm角に切る。
3. 天板にオーブンシートを敷いて2を重ならないように並べ、40～50分加熱乾燥させたら冷ます。

酵素のパワーで たんぱく質分解。肉がやわらかくなる

生のパイナップルの果肉や果汁を漬け込むと、酵素の力でたんぱく質が分解され肉がやわらかくなります。皮が出たときに、果肉側を肉にはりつけてみましょう。肉の種類にもよりますが、鶏もも肉や厚み2・5cm程度の豚ロース肉なら、冷蔵庫で20~30分おけば十分です。ただし、

この酵素はゼリーの調理にとってはマイナスになります。ゼラチンもたんぱく質の一種なので分解され、固まりづらくなってしまうのです。酵素の力は加熱することで失活するので、ゼリーに入れるときはあらかじめしっかりと加熱処理を行いましょう。

パイナップルの皮のシロップ

皮のみで、しっかりパイナップルを感じられるシロップを作ることができます。水や炭酸水で割ればパイナップルジュースに。かき氷シロップとしてもお使いいただけます。

材料

パイナップルの皮……1個分

氷砂糖……パイナップルと同量

レモン汁……50cc

作り方

❶ パイナップルの皮はしっかりと水洗いをする。パイナップルをカットしてからではなく、カットする前の状態で洗う。

❷ 水気を拭き取ったパイナップルの皮と氷砂糖を保存瓶に交互に入れ、最後にレモン汁をまわしかける。

❸ 冷暗所において1日2、3回上下を返し、氷砂糖が完全に溶けたらこす。

❹ 鍋に入れひと煮立ちさせて冷ます。清潔な保存容器で冷蔵保存。

ポイント 煮沸やアルコール消毒で清潔にした保存瓶を使用しましょう。

芯ごとパイナップルジャム

通常のジャムよりもねっとりと固くなるまで、弱火で煮詰めていきます。時間はかかりますが、芯を使っているとは思えないおいしさです。砂糖の量はパイナップルの総量の10％が目安ですが、お好みにより増減してください。

材料（できあがり約120g）

パイナップルの実と芯……合わせて300g

砂糖……30g

作り方

❶ パイナップルの実と芯は、1cm幅のひと口大に切る。

❷ ❶と砂糖を小鍋に入れて混ぜ、弱火で煮る。

❸ 砂糖が溶け水分が出てきたら、ミキサーまたはブレンダーでペースト状にする。

❹ ❸を小鍋に戻し、弱火で40～50分煮る。ときどき鍋底から全体を混ぜる。

❺ 水分が減りもったりしてきたら、こげないように練りながら、さらに10～15分煮る。

❻ 清潔な容器に入れて、冷蔵保存する。

ポイント パイナップルケーキ（p.159）用に固めとなっているので、パンに塗ったりする場合は煮詰める時間を減らし、やわらかめに仕上げてください。

マフィン型で作るパイナップルケーキ

バターがふんわり香るサクサク生地の中に、ねっとり濃厚なパイナップルジャムがぎっしり。大人気の台湾スイーツがおうちで楽しめます。本来はスクエア型を使いますが、手軽にできるようマフィン型にして、材料も家にあるものを使用しています。

材料（6個分）

芯ごとパイナップルジャム（p.158 参照）
……120g
バター……60g
砂糖……20g
薄力粉……100g
片栗粉……10g
牛乳……大さじ1

作り方

❶ バターは常温に戻しておく。
❷ ボウルにバターを入れてなめらかになるまで混ぜたら砂糖を加え、さらによくすり混ぜる。
❸ 牛乳を3回に分けて入れ、その都度しっかり混ぜる。
❹ 薄力粉と片栗粉をふるい入れ、ムラがなくなるまで全体を混ぜる。
❺ きれいにまとまったらラップに包み、冷蔵庫で 30 分休ませる。べたつくときは、薄力粉を様子を見ながら少量足す。
❻ オーブンは 170℃に予熱する。
❼ ❺を6等分にして直径8cm ほどにのばす。中央にやや厚みを残すのがポイント。適宜打ち粉（薄力粉・分量外）をしながらのばすとよい。
❽ 6等分にしたパイナップルジャムを❼に包み、手のひらで転がしてまるくととのえる。
❾ 必要に応じてバター（分量外）を塗ったマフィン型に入れ、型の形に合うように上からやさしく押す。生地が割れて多少ジャムが見えてしまっても OK。
❿ オーブンに入れ、30 分焼く。表面にこんがり焼き色がついたら、粗熱を取り、型からはずして冷ます。

果物

42

すいか

廃棄率
40%
3.6%

※大玉の場合。
緑色の固い外皮のみ
廃棄

すいかは皮・種まで おいしく食べられる万能選手

皮は緑色の固い部分をむくと、きゅうりやだいこんのような感覚で使えます。そのまま食べてもよし、加熱調理をしてもよし。意外に万能で、驚きます。「種を食べるとおへそからすいかが生えてくる」なんて言い伝えもありますが、もちろんそんなことはなく種も安全に食べられます。もともとアジア諸国では種を食べる文化があるのだとか。すいかの廃棄率は40％と高く、1個3kgの場合、1・2kgが廃棄されることに。すいかがおいしくなる夏場は特に生ごみを減らしたい時期ですから、皮や種も無駄なくおいしく食べ切りましょう。

皮には食物繊維やミネラル 種にはリノール酸

皮には食物繊維やミネラルなどが含まれます。果肉よりも皮のほうが利尿作用が高いとされるほか、アミノ酸の一種であるシトルリンも皮のほうが豊富です。シトルリンを摂ることで疲労感が軽減されるとの報告もあります。種からは良質な脂肪酸であるリノール酸が摂れます。そのままでも食べられますが、砕くか火を入れると食べやすくなり消化もよくなります。洗った種をサラダ油やごま油など、お好みの油でカリッとするまでじっくり炒め、塩をふるだけです。いりごまのような食感と香ばしさで、おいしいおやつになります。

すいかの皮のコンソメスープ

すいかの皮は薄くスライスすれば、汁物の具材として使えます。皮は加熱するとシャキシャキと、だいこんのような食感を楽しむことができます。

材料

すいかの皮……100g
ハーフベーコン……1パック（35g）
水……400cc
コンソメ……小さじ2
ドライパセリ……少々

作り方

① すいかの皮は固い外皮をピーラーでむき、短冊切りにする。ベーコンは1cm幅に切る。
② 鍋に水とコンソメを入れて強火にかけ、沸いたら①を入れて中火で5分ほど煮込む。
③ 器に盛り、ドライパセリをふる。

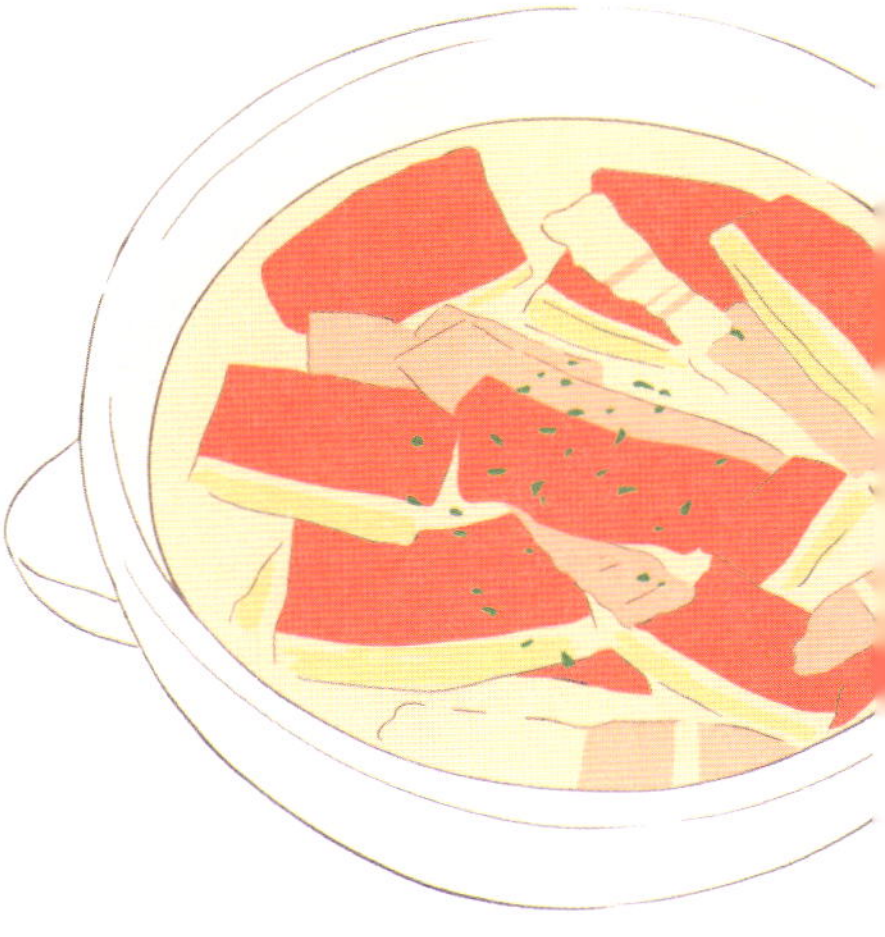

すいかヨーグルトボウル

果肉を種ごとミキサーにかけ、アサイーボウル風に。ここでは果肉と種のみを使用していますが、固い外皮をむけば皮ごとでもおいしくいただけます。リコピン、カリウム、食物繊維などを補給でき、朝食や間食にぴったり。

材料

冷凍すいか（果肉・種ごと）……150g
冷凍バナナ（果肉のみ）……1本（100g）
ギリシャヨーグルト（水切りヨーグルト）……100g
グラノーラ、冷凍ブルーベリー、バナナ輪切り、はちみつなど……お好みで

作り方

❶ 盛りつけに使う器は冷凍庫で冷やしておく。
❷ 冷凍すいか、冷凍バナナ、ギリシャヨーグルトをミキサーで混ぜる。混ざりにくいときはすいかをフォークでほぐすとよい。
❸ 冷やしておいた器に❷を盛り、グラノーラ、冷凍ブルーベリー、バナナの輪切りを飾る。

ポイント 種は多少形が残っていても、グラノーラと一緒に食べるとまったく気になりません。白い皮の部分も入れてOK。食べ切れないすいかは角切りにして冷凍しておくとスムージーなどにも使えて便利です。

すいかの皮のチャンプルー

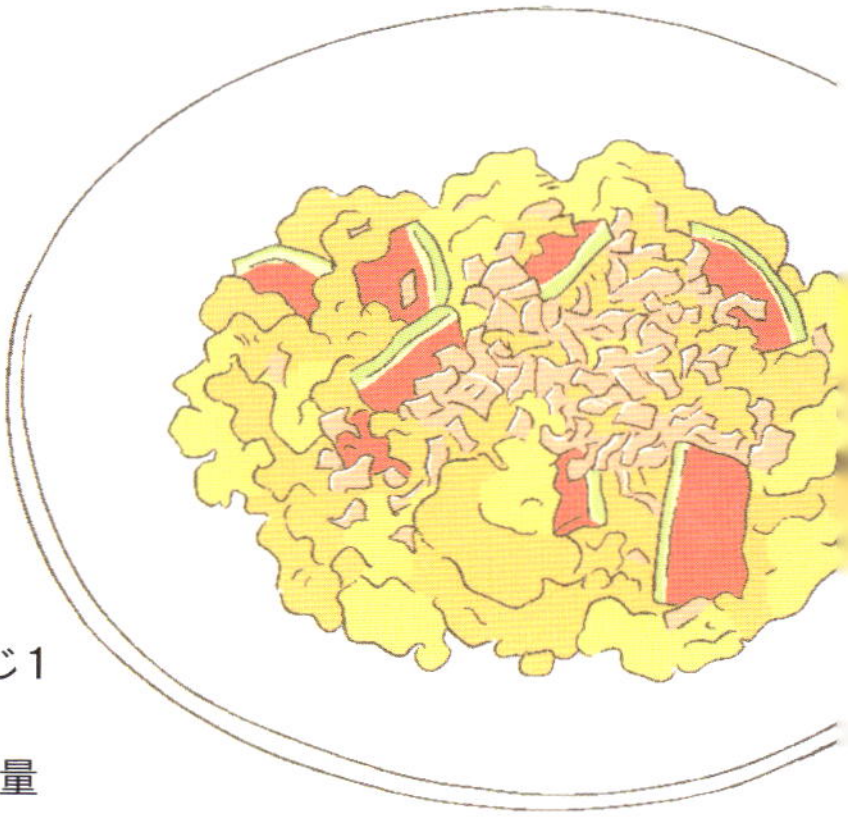

みずみずしいすいかの皮と、チャンプルーの塩味のコントラストが味わえます。すいかと塩はもともと相性抜群ですから、間違いのない組み合わせです。ツナとたまごで手軽に作ることができるのもうれしいポイント。

材料

すいかの皮……100g
ツナ缶（油漬け）……1缶
たまご……2個
しょうゆ……小さじ1
塩……少々
かつおぶし……適量

作り方

1. すいかの皮は固い外皮をピーラーでむき、薄めの短冊切りにする。
2. フライパンにツナ缶の油のみ入れ中火で熱する。
3. 1を入れてしんなりするまで炒めたら、ツナとしょうゆを加えて、さらに炒める。
4. 溶きたまごをまわし入れ全体を炒め、塩で味をととのえる。
5. 器に盛り、かつおぶしをかける。

ポイント すぐに食べない場合は、すいかの皮をじっくり炒めて水分をとばしましょう。

すいかの皮のピクルス

すいかの皮はきゅうりのような感覚で使えます。サンドイッチにはさんだり、ナムルにしてもおいしいですが、特におすすめなのが自家製ピクルス。シャキシャキの食感とほどよい酸味で、箸休めにぴったりです。

材料

すいかの皮……250g
A 砂糖……大さじ5
酢……50cc
水……50cc
塩……小さじ1/2

作り方

1. すいかの皮は固い外皮をピーラーでむき、2cm角に切る。
2. 耐熱容器にAを入れ、600wの電子レンジで1分加熱する。
3. 熱いうちに1を入れ、粗熱が取れたら冷蔵庫で30分以上漬ける。

ポイント ブラックペッパー（ホール）や唐辛子を一緒に漬け込んでも。作りおきする場合は、すいかの皮を塩もみしてから調理すると保存性が高まります。

果物

メロン

43

廃棄率
45%
8.8%

※上下部と固い外皮のみ廃棄

メロンはずっしりしていて、できるだけまるいもの、つるが細くてヘタの根元が太いものが甘いといわれます。特別感の強い果物ですが、廃棄率は食材の中でもかなり高いほうです。半分近くが捨てられてしまっていますが、実際に食べられないのは固い皮だけ。やわらかい皮はサラダや和え物に、種はローストして、ワタはドリンクなどに使うと廃棄率を45%から8・8%にまで減らすことができます。ただ、メロンの皮は非常に傷みやすいので、なるべく早く食べ切るようにしてくださいね。

固い外皮以外はぜんぶおいしく食べられる

種はローストして カリカリ香ばしく

メロンの種はかぼちゃやすいかなどと比べて比較的やわらかく、ローストすることでおいしい食材となります。種は流水でぬめりを取って水気を拭き取り、オリーブオイルと塩をからませておきます。１２０℃に予熱したオーブンで50分、その後１７０℃まで上げてさらに15分焼けば完成です。そのまま食べてもいいですし、サラダやスープのトッピングにしてもおいしくいただけます。塩なしにすれば、グラノーラに混ぜて使うこともできます。

ワタで作るやさしいメロンミルク

ワタには濃厚な果汁がたっぷり含まれているので、捨てずにおいしいドリンクに変身させましょう。メロンそのものの甘みや色を活かした、やさしい味わいです。

材料

メロンの種とワタ（果汁含む）
……1個分
牛乳……適量

作り方

1. メロンの種とワタをザルに入れ、ヘラやスプーンで押しつぶして果汁をしぼり出す。
2. グラスに1の果汁と氷を入れ、牛乳を注ぐ。牛乳の量は果汁の２倍が目安。

ポイント 甘みの足りないメロンの場合は、お好みではちみつなどを足してください。牛乳の代わりに炭酸水を使うと、メロンソーダを作ることもできます。

メロンの皮とほたての和え物

メロンの皮はやわらかく甘みがあり、和え物やサラダに使えます。ほたて缶の汁を利用して乾燥わかめを戻せば無駄がありません。作りおきする場合はメロンの皮を塩もみして、水気を取ってから調味料と和えてください。

材料

メロンの皮……200g
ほたて缶（フレーク）
……1缶（70g）
乾燥わかめ……5g
水……適量

Ⓐ
- 酢……大さじ 1/2
- ごま油……大さじ 1/2
- しょうゆ……小さじ1
- 砂糖……小さじ1
- いりごま……適量

作り方

❶ メロンの皮は固い外皮部分をピーラーでむき、長さ3cm ほどの短冊切りにする。
❷ ほたて缶は汁気を切る。汁は使用するので捨てない。
❸ ❷の汁に水を加えて 50cc にし、乾燥わかめを入れて戻す。時間とともに乾燥わかめが水分をすべて吸うので、水気はしぼらなくて OK。
❹ Ⓐを合わせ、❶、❷のほたて、❸をすべて和える。

ポイント ほたて缶の代わりにツナやちくわなどでもおいしく作れます。カニカマを入れると色味もきれいです。

メロンの皮のジャム

まだ甘みが残っている皮で、淡い緑色がきれいなジャムを作ることができます。外皮に近い部分は煮くずれせず形が残りやすいので、仕上げにブレンダーやミキサーにかけてなめらかにします。甘さ控えめのやさしい味です。

材料

メロンの皮……200g
砂糖……40g
レモン汁……小さじ1

作り方

① メロンの皮は固い外皮部分をピーラーでむき、2〜3cm角に切る。
② 小鍋に①と砂糖を入れて混ぜ、中火で煮る。
③ とろみがついてきたらレモン汁を加えてさっと煮る。
④ ブレンダーなどでペースト状にする。清潔な保存容器に入れ、冷蔵保存。

メロンの皮のジャムで生キャラメル

メロンの皮のジャムが、お口の中でとろける生キャラメルに大変身！　上手に作るコツは、煮詰め加減にあり。バットに流したときにだれない程度まで、水分を飛ばします。手間はかかりますが、手作りならではのおいしさです。

材料（40〜50個分）

メロンの皮のジャム（上記参照）……50g
砂糖……80g
牛乳……100cc
生クリーム……200cc
無塩バター……30g

作り方

① 鍋に牛乳と砂糖を入れて弱火にかけ、砂糖を混ぜ溶かす。
② メロンの皮のジャム、生クリーム、無塩バターを順に加える。鍋底からゆっくり混ぜながら中火で煮る。ふつふつとしてきたら弱火にして、さらに30〜40分煮る。
③ とろみが強くなり、混ぜたときに鍋底が見えたら、そこからさらに10〜15分ほど煮詰める。
④ 全体がもったりとして薄くキャラメル色に色づいたら火を止める。
⑤ クッキングシートを敷いたバットに流し、厚みが1cm程度になるようにならす。粗熱が取れたら、冷蔵庫で冷やし固める。
⑥ 食べやすい大きさ（目安1cm×2.5cm）に切り分け、ワックスペーパーで包む。要冷蔵。

ポイント バットに流したときに、だれないで中央に留まる程度の固さが必要です。端まで流れてしまうときは、鍋に戻して再度煮詰めてください。

果物

44

もも

廃棄率
15%
6.1%
※ヘタと種のみ廃棄

皮はうぶ毛を取ると口当たりがよくなってまるごと食べやすい

とろける食感と甘美な香りで果物のなかでも高い人気を誇る、もも。山梨ではもともと、採れたての固いももを、皮ごといただく食べ方があるそうです。ご家庭では皮全体をおおっているうぶ毛を取りのぞくと、口当たりがよくなって皮ごと食べやすくなります。水洗いをしながら、キッチンペーパーでやさしくこするとうぶ毛が取れます。皮の愛らしいピンク色は、ほかの食材にはない唯一無二のもの。ぜひこの色を活かした1皿を作ってみてくださいね。

湯むきなら甘みが存分に味わえる

種類にもよりますが、ピンク色のももにはポリフェノールの一種であるアントシアニンが含まれます。赤い色素を持ち、実に日光が当たることで作り出されます。ももの色が赤ければ赤いほど、多くのアントシアニンが含まれます。また、皮の近くは甘みが強いので皮ごといただくのが一番ですが、皮を食べない場合でも、湯むきした場合は廃棄率が8・8%まで下がります。皮に十字の切り込みを入れ、沸騰したお湯に20~30秒。その後冷水につけると、皮だけがつるんとむけます。

①十字に切り込みを入れる。

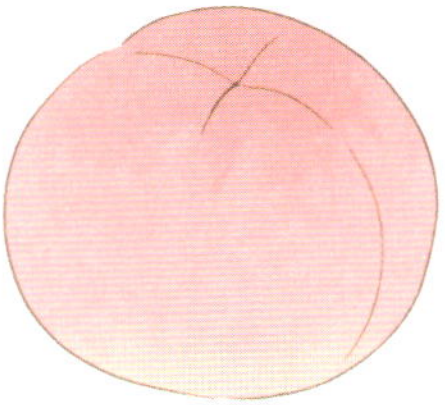

②沸騰したお湯で20～30秒ゆでる。

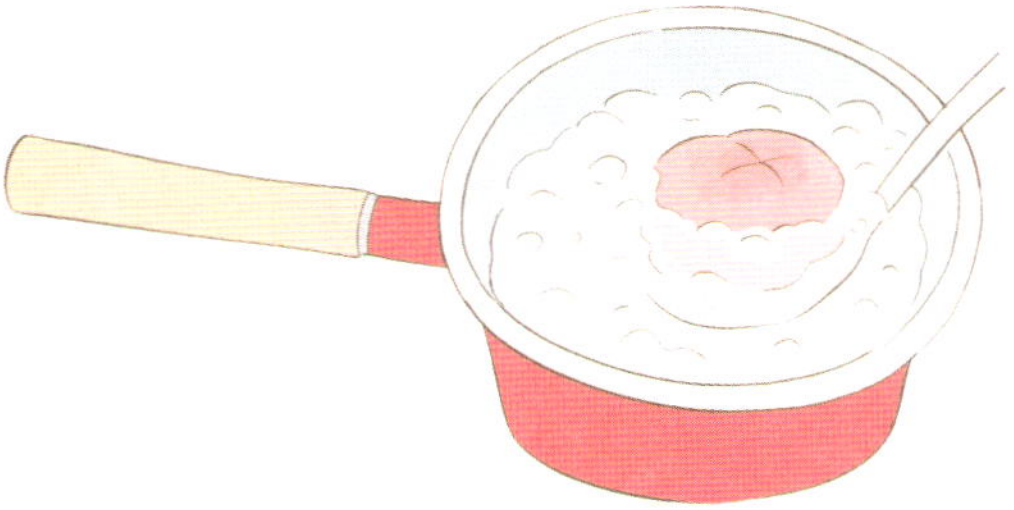

③氷水につける。

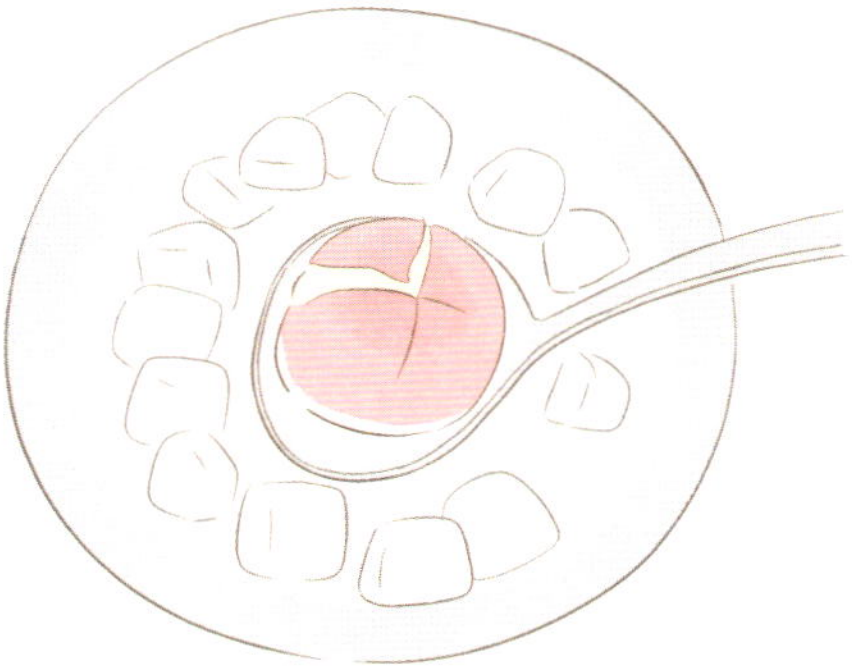

④皮をむく。

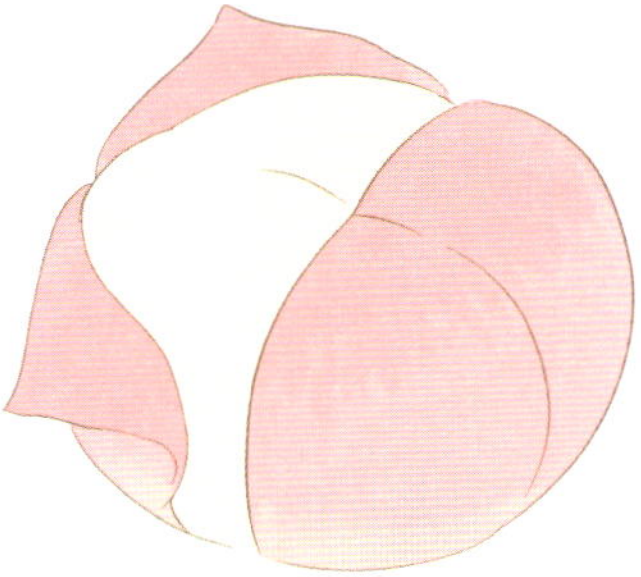

ももの皮ごとカプレーゼ

皮のピンク色を活かした、華やかなカプレーゼです。おもてなしの前菜や、晩酌のおつまみにぱぱっと作れます。塩がももの甘みを引き立てる食べ合わせです。ドライパセリの代わりにバジルやミントの葉を飾っても。

材料

もも……1個
モッツァレラチーズ……1個（100g）
オリーブオイル……適量
レモン汁……少々
塩……少々
ドライパセリ……少々

作り方

1. ももはうぶ毛と種を取り、皮ごとくし切りにする。モッツァレラチーズは薄切りにする。
2. 器にももとモッツァレラチーズを交互に並べ盛りつける。
3. レモン汁、オリーブオイル、塩、ドライパセリをかける。

①割れ目に沿って包丁を深く入れ、ねじる。

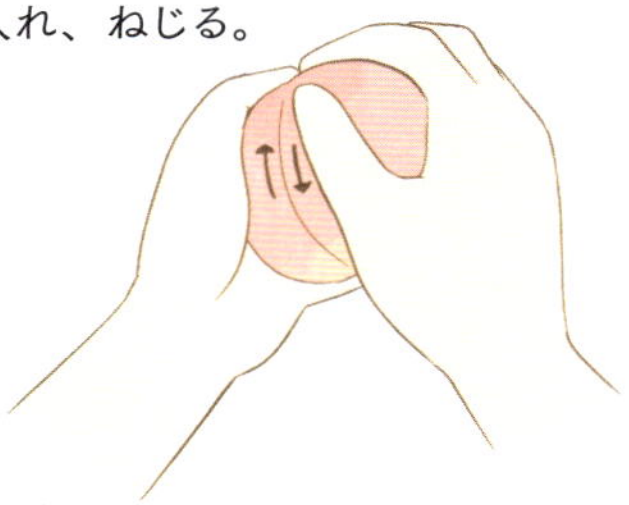

②包丁やスプーンで種を取る。

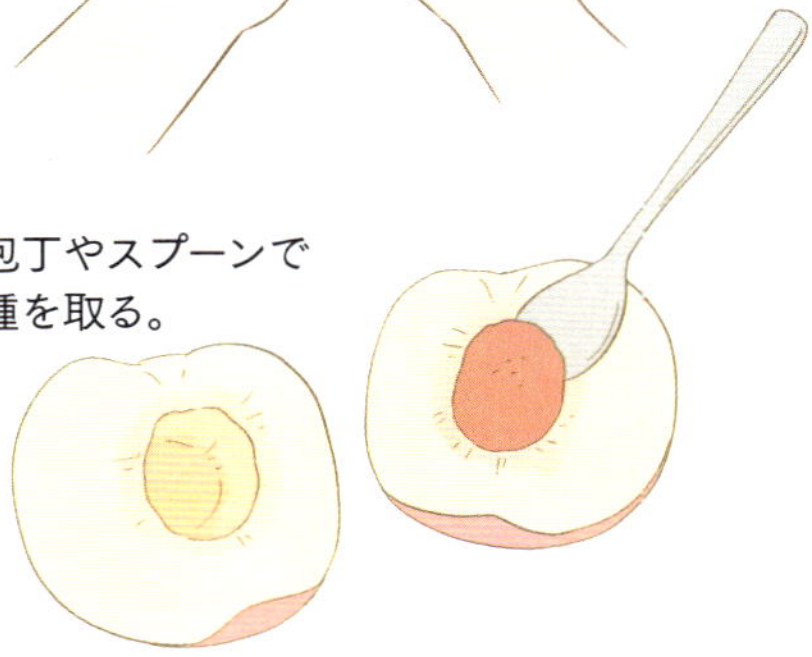

ももの皮のグラニテ

ほんのりロゼ色が美しい、大人向けシャーベット。ももの皮を砂糖とレモン汁で煮てシロップを作り、ロゼスパークリングワインを混ぜて凍らせます。凍ってもカチカチにならず、ほどよいシャリシャリ食感を楽しめます。

材料

ももの皮……1個分
砂糖……大さじ3
レモン汁……大さじ1/2
ロゼスパークリングワイン……150cc
ミントの葉……お好みで

作り方

1. ももの皮は1cm角に刻む。
2. 1と砂糖、レモン汁を鍋に入れ、とろみがつくまで弱火で煮る。
3. 2を保存容器に移して冷まし、ロゼスパークリングワインを静かに注いで混ぜる。
4. 冷凍庫に入れて凍ったらフォークでくずし、器に盛る。
5. お好みでミントの葉を飾る。器はあらかじめ冷凍庫で冷やしておくとよい。

ポイント 砂糖の量はお好みでどうぞ。ももの果肉や冷凍ラズベリーなどを加えて作ってもおいしいです。

まるごとピーチティー

果肉たっぷりのとろっと甘い、贅沢ピーチティーです。皮ごとももを使うと、風味が強くなり濃厚な味わいに。アイスティーはダージリン、アールグレイなどお好みでOK。水を牛乳に変えれば、ピーチミルクティーにも。

材料

もも……100g
アイスティー……200cc
水……100cc
砂糖……大さじ1

作り方

1. ももはうぶ毛と種を取る。
2. 皮つきのももと水、砂糖をミキサーにかける。
3. アイスティーを混ぜ、グラスに注ぐ。

果物

45

なし

廃棄率
15%
6.8%
※つると芯のみ廃棄

皮が褐色だと「赤なし」、黄緑色だと「青なし」と呼ばれるように、日本各地に個性豊かな品種があり、味・食感もさまざまです。88％以上が水分ですが、食物繊維やカリウムを含み、体内の余分なナトリウム（塩分）の排出を促します。りんごの皮は食べたことがあっても、なしを皮ごと食べたことがある人は少ないかもしれません。なしの皮はクセがなく食べやすいですし、りんご同様、輪切りにすると無駄なく食べることができます。皮には食物繊維や抗酸化作用のあるフラボノイドが豊富なので、積極的に食べたいですね。

なしの皮はフラボノイドが豊富で意外と食べやすい

なしのハニーウォーター

なしの栄養素や風味が水に溶け出した、ほんのり甘いフレーバーウォーター。もも、りんごなどほかの果物でも作れます。水出しティーバッグを入れるとフレーバーティーにもなります。

材料

なしの皮と芯……1個分
はちみつ……小さじ2
レモン汁……小さじ1
ミネラルウォーター……適量

作り方

❶ なしの皮と芯、はちみつ、レモン汁を清潔なボトル（容量 500cc）に入れ、全体がつかるまでミネラルウォーターを注ぎ、ゆっくり上下を返して混ぜる。
❷ ボトルを立てた状態で冷蔵庫に入れ、1時間おく。

ポイント ミネラルウォーターをつぎ足しながら、1日程度楽しめます。必ず立てて冷蔵保存し、飲むときは直飲みせずにコップなどに移してください。

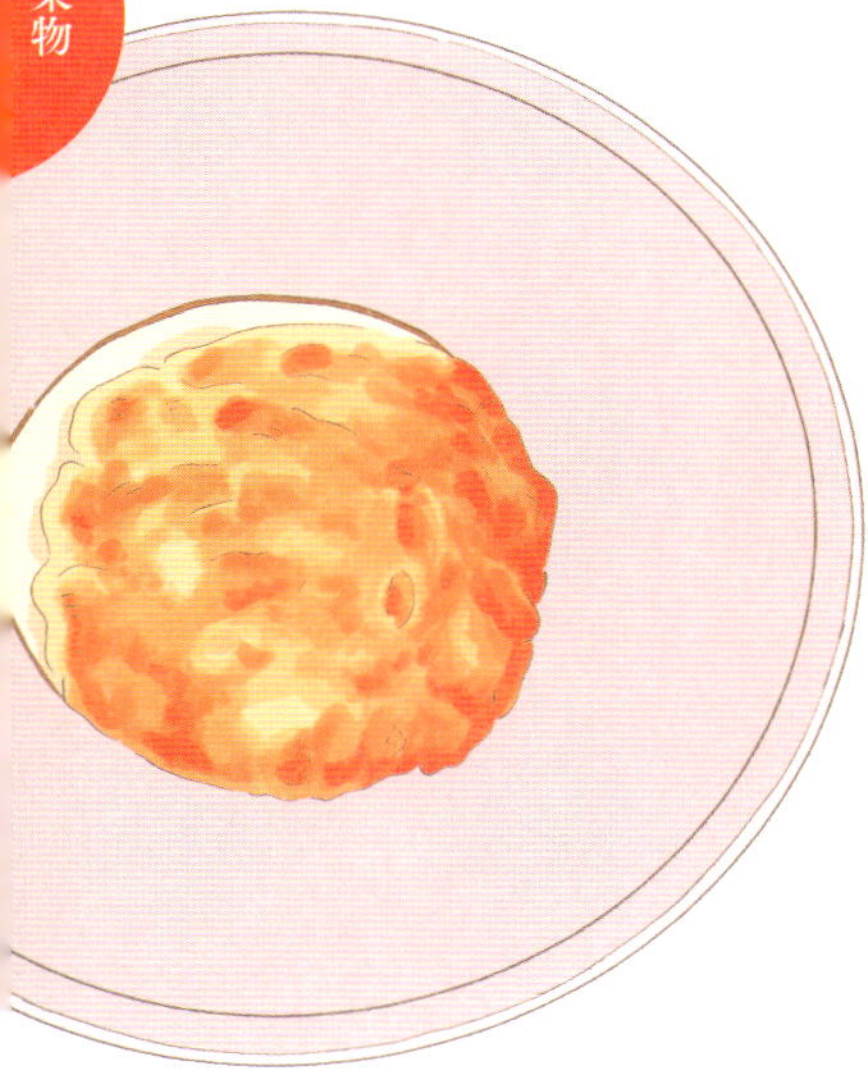

なしのまるごとチーズ焼き

なしのみずみずしさとチーズのうま味が相まって、じゅわっと贅沢な味わい。デザートにもおつまみにもなる1品です。じっくり焼くと皮もやわらかく仕上がり、芯のギリギリまでおいしく味わえますよ。

材料

なし……1個
とろけるタイプのチーズ……適量
グラニュー糖……適量

作り方

❶ オーブンは 200℃に予熱する。
❷ なしは厚さ2cm ほどの輪切りにする。
❸ 天板にクッキングシートを敷き、❷を並べる。
❹ なしの表面にグラニュー糖をふり、とろけるタイプのチーズをのせる。
❺ オーブンで 15 ～ 20 分、焼き目がつくまで焼く。

ポイント チーズはスライス、シュレッドどちらでも OK。アレンジでりんごのチーズ焼きもおいしいです。

果物

46

アボカド

廃棄率
30%
30.0%

良質な脂質を含む「森のバター」

アボカドはオレイン酸やリノール酸、α-リノレン酸といった良質の脂質を多く含むことから、「森のバター」と呼ばれます。適度に熟したアボカドのとろけるような食感は、まさにその名の通りです。切るまで中の状態が把握しづらいのがネックですが、ヘタがしっかりついているものを選ぶと比較的よいアボカドに当たります。ヘタがないと、そこから酸化が進み中が黒ずむからです。風味は劣りますが、食べることはできます。また、切ってみたら固く、熟していなかったものは加熱調理をしましょう。生食とはまた違った食感を楽しむことができますよ。

アボカドのとろっと天ぷら

衣はサックサク、中はとろっと食感。生のアボカドとはひと味違ったおいしさです。未熟な固いアボカドの救済にも。

材料

アボカド……1個

Ⓐ
- 薄力粉……10g
- 片栗粉……10g
- 水……20cc

サラダ油……適量

塩、レモン汁……お好みで

作り方

❶ アボカドは皮と種を取り、お好きな大きさに切る。
❷ Ⓐを混ぜ合わせ、❶を入れてからめる。
❸ 180℃の油でカラッと揚げる。お好みで塩やレモン汁をかけていただく。

果物

アボカドのタルタルグラタン

皮を器に使った、アボカドとゆでたまごがゴロゴロと入った簡単グラタン。アボカドはレモン汁で和えて、酸化による黒ずみを防ぎます。

材料

アボカド……1個
レモン汁……小さじ1
砂糖……小さじ 1/2
ゆでたまご……1個

Ⓐ
- マヨネーズ……大さじ1
- 粉チーズ……小さじ1

ピザ用チーズ……適量

作り方

❶ アボカドは種と皮を取り、1cm角に切ってレモン汁と砂糖を和える。
❷ ゆでたまごを1cm 角に切る。
❸ ❶と❷、Ⓐを混ぜ合わせる。
❹ アボカドの皮に❸を入れ、ピザ用チーズをかけてトースターやグリルでこんがり焼く。

ポイント トーストにタルタルをのせ、焼いて食べるのもおすすめです。熟したアボカドなら、ピザ用チーズなしで火を通さずそのままいただけます。

column
02

食材を使い切る
たまごの殻

たまごの年間消費量は1人あたり 300 個以上。ある研究発表によると、たまごの殻の廃棄量は国内だけでも年間 25 万トンで、そのうちの約8割はリサイクルされず廃棄されるそうです。ただのごみにしないため、飼料や土作り、チョークに再生させるなど、さまざまな活用方法が社会全体で模索されています。毎日のように食べる食材ですから、ご家庭でも最後まで使い切れる工夫ができるといいなと思います。

殻をそのまま使う

砕いたものを土に混ぜて飼料にしたり、ぬか床に入れて使うことができます。ぬか床に入れると酸味がやわらぎ、まろやかに。日常的には、茶渋や水あか落としに活用するのはいかがでしょうか。マグカップやシンクなど、砕いた殻と濡らしたスポンジでこすり洗いをするとピカピカになります。洗剤は使いません。

パウダーにして使う

たまごの殻はパウダーにしておくと場所も取りませんし、上記の用途同様、土にまいてたい肥にしたり、ぬか床、清掃などに使えます。作り方も簡単で、水できれいに洗い、しっかり乾燥させたたまごの殻をミルサーにかけるだけです。ミルサーがなければすり鉢でも作ることができます。パウダーにするとチョークも手作りできますから、工作気分で作ってみると楽しいですよ。

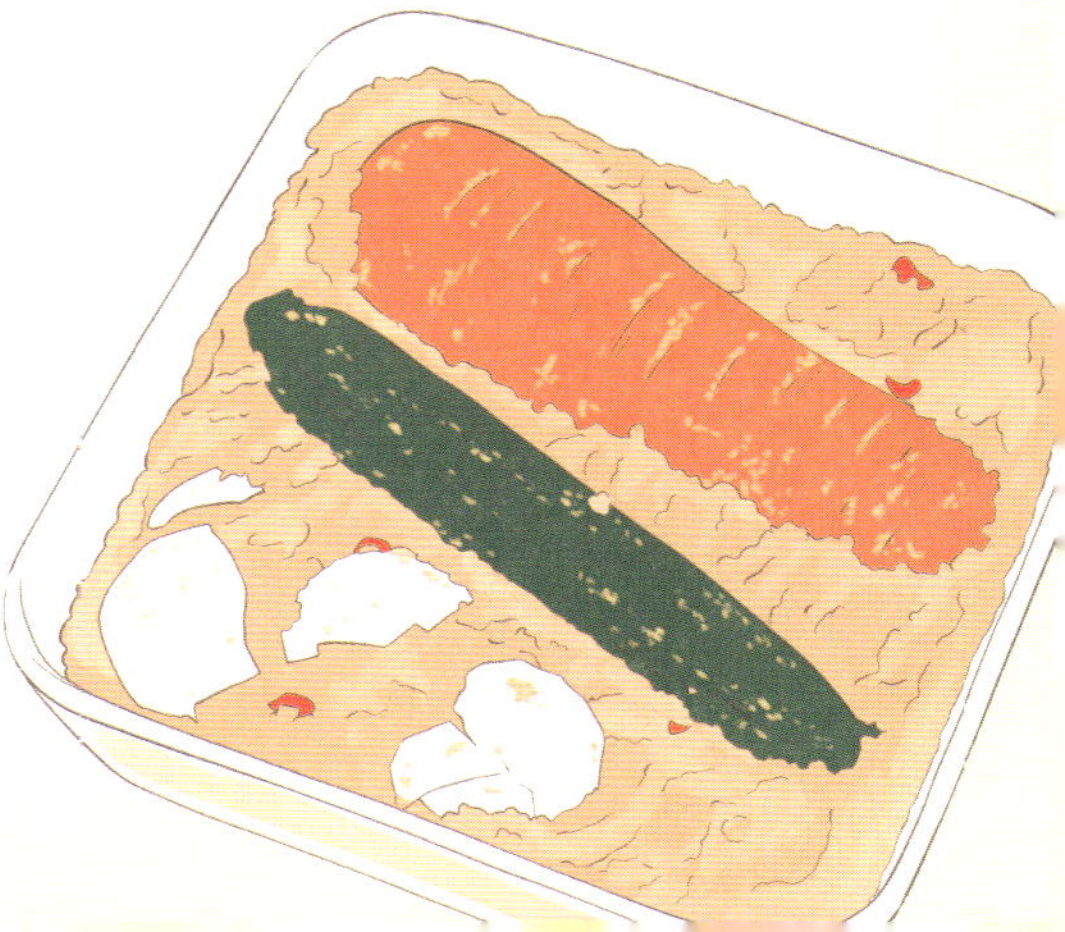

捨てないレシピ

肉・魚介

鶏肉

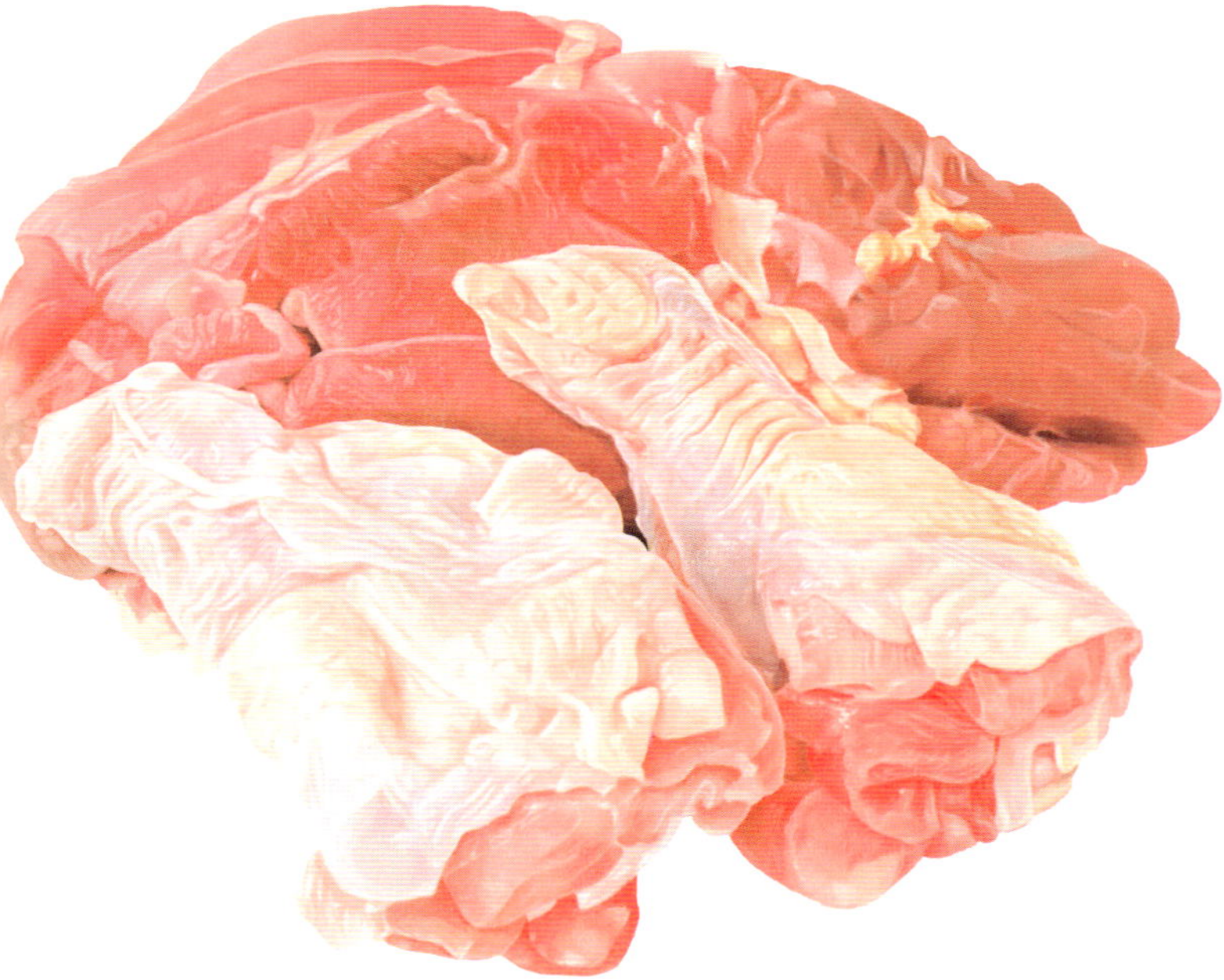

廃棄率
0～40%
0~40%

※手羽先 40%、
手羽元 30%、
ささみ5%、
その他は0%

日本では鶏もも肉、欧米では鶏むね肉が人気

牛肉、豚肉よりも流通量が多い鶏肉は、私たちの食卓に欠かせません。特に、煮ても焼いても揚げてもジューシーな鶏もも肉が日本では大人気。肉厚でコクがあり、どんな料理にもマッチします。一方、鶏ももと比べて低カロリー、あっさりしているのが鶏むね肉とささみです。脂質控えめでたんぱく質が豊富なため、ダイエット食材として重宝されています。欧米ではヘルシーなイメージがある鶏むね肉のほうが需要が高く、価格も高いといいますから日本とは真逆です。おもしろいですね。

鶏皮、鶏骨には肌にうれしいコラーゲン

鶏肉は骨つき肉やささみ以外は廃棄率0%とされていますが、鶏皮が苦手で捨ててしまうという声はよく聞きます。味が苦手というより、食感が受けつけないようです。皮はパリパリに焼いたり、揚げたりすると脂も適度に抜けておいしくなります。フライパンで焼くときは、薄く油をひいた冷たいフライパンに皮側を並べ、全体を押しつけてから火をつけます。こうすると皮が反らずに火が入るので均一にパリパリに焼くことができます。余った皮や骨つき肉の骨だけを活用したいときは、次のページから紹介する鶏油や鶏ガラスープがおすすめ。どちらにもコラーゲンがたっぷり含まれ、女性にはうれしい部位です。

皮パリパリのチキンステーキ

鶏もも肉は皮面を下にして、重石をしてから弱火でじっくり焼くと皮全体に均一に火が入ってパリパリになります。フライパンに残った肉汁も無駄なくソースに使います。

材料

鶏もも肉……1枚
塩こしょう……少々
Ⓐ
- ケチャップ……大さじ1
- 酒……小さじ1
- 中濃ソース……小さじ1
- 砂糖……小さじ 1/2
- すりおろしにんにく……小さじ 1/2

作り方

1. 鶏もも肉は水気を拭き取って両面に塩こしょうをふり、皮を下にしてフライパンに広げる。
2. 鶏もも肉の上にクッキングシートを敷き、水を入れた小鍋をのせ重石にする。
3. 弱火にかけ 10 ～ 15 分、皮がパリパリになるまで焼き、裏返してさらに5分ほど焼く。
4. 器に盛り、フライパンに残った肉汁にⒶを加えてひと煮立ちさせ、ソースを作る。

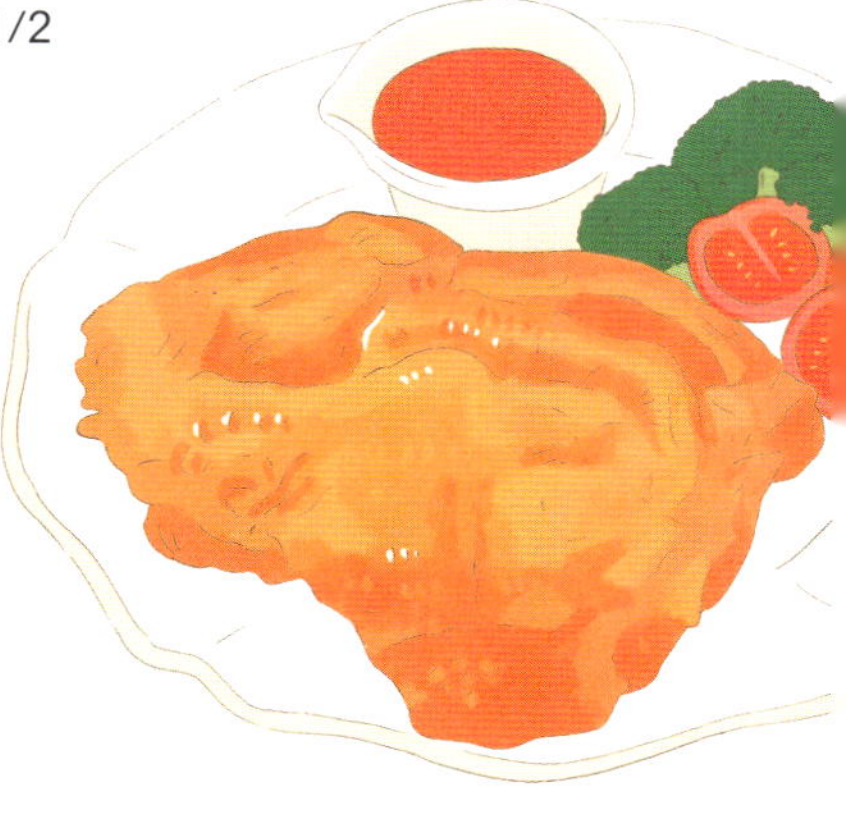

鶏皮で作る鶏油《ちーゆ》

鶏皮からは鶏油が取れます。チャーハンや炒め物などに使うと、ぐっと本格的に。残った鶏皮は香ばしく、これがまた美味です。塩をふればスナック感覚でいただけます。

材料

鶏皮……適量

作り方

❶ 冷たいフライパンにひと口大に切った鶏皮を重ならないように並べ、弱火で両面をじっくり 20 分ほど焼く。
❷ 鶏皮がこんがりして油が十分に出切ったら、鶏油と鶏皮をそれぞれ分ける。
❸ 鶏油は清潔な保存容器に入れ冷蔵保存する。

鶏油の炊き込みごはん

鶏油はコクがありながらも意外とあっさりしているので、炊き込みごはんにも合います。ツヤが出て、冷めてもおいしくいただけます。

材料

Ⓐ
- 鶏油（上記参照）……大さじ1
- しょうゆ……大さじ1
- みりん……大さじ1
- 砂糖……小さじ1

米……2合
にんじん……50g
しめじ……1/2 袋
鶏油を取ったあとの鶏皮……お好みで
小ねぎ……お好みで

作り方

❶ 米はといで水を切る。
❷ にんじんは短冊切りにする。しめじはほぐす。
❸ 炊飯釜に❶とⒶを入れ、２合のラインまで水（分量外）を入れたら❷を加える。
❹ 普通炊きをする。炊けたらお好みで鶏皮を加え、全体を混ぜて小ねぎをかける。

鶏油の南蛮つけそば

こんがり焼いたながねぎに、甘辛いそばつゆと鶏油のコクがしみ込んだ南蛮つけそばです。ながねぎの甘みが引き立ちます。

材料（2人分）

鶏油（p.180 参照）……大さじ2
ながねぎ……1本
Ⓐ
- だし汁……200cc
- しょうゆ……大さじ2
- みりん……大さじ2
- 砂糖……小さじ2

ゆでそば……2人分
鶏油を取ったあとの鶏皮
……お好みで

作り方

1. ながねぎは2cm 幅に切り、フライパンで両面に焼き目がつくまで弱火で焼く。（油は不必要）
2. Ⓐを加えてひと煮立ちさせ、鶏油とお好みで鶏油を取ったカリカリの鶏皮を入れる。そばをつけながらいただく。

鶏皮のサクサク揚げ

鶏皮の食感が苦手な人にぜひおすすめしたいのがから揚げです。じっくりきつね色になるまで揚げれば、食感のよいおやつやおつまみになります。鶏皮のみで冷凍ストックしておくといつでも作れます。

材料

鶏皮……5枚分（100g）
すりおろしにんにく……小さじ 1/2
塩こしょう……適量
片栗粉……適量
サラダ油……適量

作り方

1. 鶏皮は食べやすい大きさに切る。
2. ❶にすりおろしにんにくと塩こしょうをもみ込み、片栗粉をまぶす。
3. 170℃の油できつね色になるまでこんがり揚げる。

鶏の骨で鶏ガラスープ

手羽先や手羽元などの骨は冷凍ストックしておき、まとめて煮出します。これで作るスープや鍋、おかゆなどはほっとする味わいです。取り出したこんぶは p.210 を参考にお使いください。

材料（できあがり 300 ～ 400cc）

手羽先や手羽元などの骨……50g
しょうが……1/2 片
だしこんぶ……5cm（2g）
ながねぎの青い葉……1本分
水……600cc
酒……大さじ2

作り方

1. しょうがは皮ごとスライスする。
2. 鍋に材料をすべて入れて中火にかけ、沸いたらこんぶを取り出す。
3. 極弱火にしてアクを取りながら 40 分ほど煮てこす。

鶏ガラスンドゥブチゲ

鶏ガラスープにあさりや豚肉、えのきのうま味がたっぷり溶け込んだ贅沢な鍋です。お使いのキムチによって辛さが変わるので、粉唐辛子やコチュジャンで調整してください。

材料

鶏ガラスープ（上記参照）……300cc
豚バラ肉……100g
ごま油……大さじ1
すりおろしにんにく……小さじ 1/2
キムチ……200g
あさり（砂抜き済）……200g
えのき……1/2 袋
絹豆腐……1丁（300g）
水……100cc
みそ……大さじ 1/2
しょうゆ……小さじ1
小ねぎ……適量
粉唐辛子、コチュジャン、たまご…お好みで

作り方

1. フライパンにごま油とすりおろしにんにくを入れて中火で熱し、香りが立ってきたら豚バラ肉を炒める。色が変わったら、キムチを加えてさらに炒める。
2. 鶏ガラスープと水を注ぎ、あさり、えのきを加えたら蓋をする。
3. 沸いたらみそとしょうゆを入れ、絹豆腐をスプーンですくって入れる。
4. 仕上げに食べやすく切った小ねぎをちらし、ひと煮立ちさせる。辛みがほしい場合は粉唐辛子やコチュジャンを足す。お好みでたまごを落としても。

鶏ガラ春雨スープ

自家製の鶏ガラスープを使った、やさしいスープです。わかめのほかにも、溶きたまごやもやし、きのこ類など、お好きな具材でお楽しみください。

材料

鶏ガラスープ（p.182 参照）……300cc
乾燥春雨……10g
カットわかめ……ひとつまみ
ごま油……小さじ1
塩……適量
いりごま……適量

作り方

1. 春雨は事前にゆでるタイプのものはゆでておく。
2. 鶏ガラスープを鍋に入れて中火で沸かし、春雨とカットわかめを加えてさっと煮る。
3. 塩で味をととのえ火を止め、いりごま、ごま油を加える。

鶏皮餃子

餃子の皮の代わりに鶏皮を使います。全面をこげ目がつくまでじっくりと焼くのがポイント。ジューシーに仕上がります。

材料

鶏皮……12 枚くらい
鶏ひき肉……200g
にら……1/2 束（50g）
Ⓐ
- 片栗粉……大さじ1
- しょうゆ……小さじ 1/2
- 酒……小さじ1
- 鶏ガラスープの素……小さじ 1/2

作り方

1. 鶏皮は水気を拭き取り半分に切る。にらは1cm 幅に切る。
2. ボウルに鶏ひき肉とにらを入れ、Ⓐを加えてよくこねる。
3. ❷を適量取り、鶏皮の薄い部分が閉じ目になるようにして包む。
4. フライパンに閉じ目を下にして❸を並べ入れ（油は不必要）、中火でじっくり焼く。
5. 焼き目がついたら、裏返してさらにこんがり焼く。（出てくる油は鶏油なので瓶などに移し、ほかの料理で使う）
6. フライパンに水（分量外：大さじ３程度）を入れ、蓋をして 10 分蒸し焼きにする。水分がほとんどなくなったら蓋を取り、皮がパリッとするまで焼く。

ポイント 皮がはがれないよう鶏皮の薄い部分を閉じ目にし、その部分を下にして焼きはじめるようにします。

肉・魚介

48

豚肉

廃棄率
0%
0.0%

疲れた体や倦怠感に ビタミンB_1パワー

豚肉は糖質のエネルギー代謝を助けるビタミンB_1が多く、スタミナ食材として親しまれています。豚ばら肉のような脂質の多い部位より、赤身の豚もも肉、豚ひれ肉のほうがビタミンB_1含有量は高いです。また、牛、豚、鶏それぞれのレバーで比較すると、豚レバーの鉄含有量が突出しています。具体的には、牛レバーの3・3倍、鶏レバーの1・4倍です。ただしレバーにはビタミンAが非常に多く含まれています。ビタミンAは摂りすぎると、過剰症が起き、健康を害するおそれが。レバーは毎日食べるのではなく、ときどき楽しむ程度で十分です。

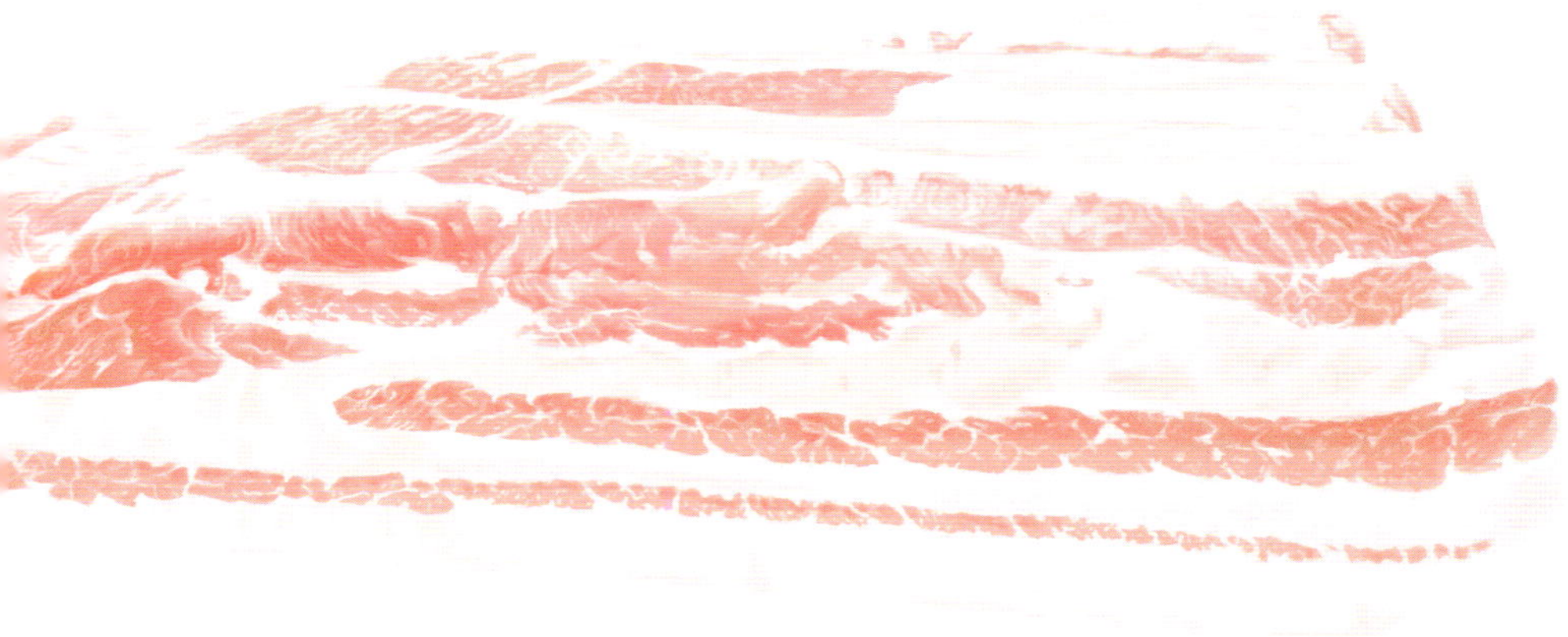

脂身が多い肉は逆手に取った料理を

豚肉のほとんどの部位は文部科学省公表の資料では廃棄率0％に設定されていますが、実際のところはどうでしょうか。スペアリブの骨は捨てますし、買った豚バラをトレーから出したら見えない部分が脂身だらけだった、なんだか獣臭いといった理由で捨ててしまう場合もあるようです。骨や脂身の多すぎるものは、次で紹介するラードやとんこつスープを試してみてください。獣臭さがある場合は、酒でもみ洗いをする、酢や牛乳に数時間つける、スパイスやハーブ（しょうがや八角、セージなど）を使った料理にする、湯通しをする等の工夫でやわらぎます。

豚バラで自家製ラード

豚の脂からラードを取り出すことができます。餃子やチャーハン、とんこつスープ、焼きそば、ちんすこうなど、いろいろな料理を作ることができますよ。脂身が多すぎる豚バラ肉などでお試しください。

材料

豚バラ肉の脂の多い部位‥‥‥200g
水‥‥‥200cc

作り方

1. ブロックの豚バラ肉の場合は3cm 角程度にカットする。
2. フライパンに1と水を入れ、中火にかける。
3. 沸いたら弱火で煮込み、脂を溶かす。
4. 豚バラ肉が縮んできつね色になり、油が出切ったら火を止める。
5. 4を茶こしなどでこし、清潔な保存容器に入れる。
6. 粗熱が取れたら冷蔵庫に入れ、白く固まったら完成。

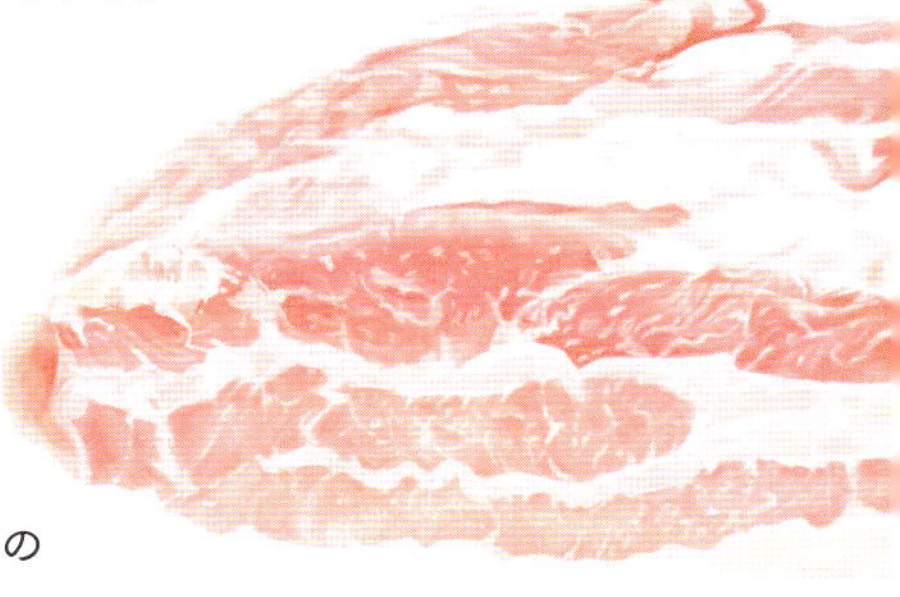

ポイント 豚バラ肉の脂の多い部位 200g から約 80g のラードが取れます。

ちんすこう

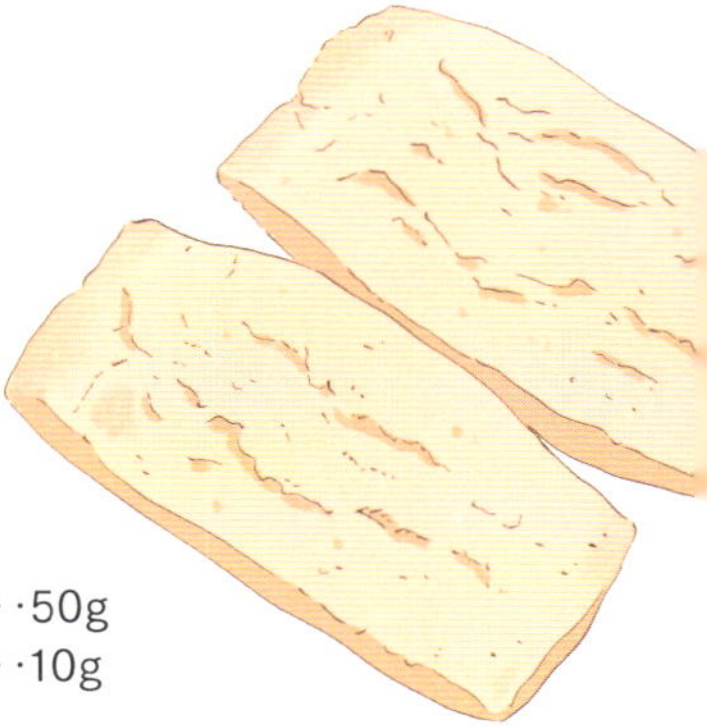

沖縄の郷土菓子ちんすこう。バターではなく、ラードを使うのが特徴です。きび糖や黒砂糖を使うとコクが強くなり、上白糖を使うとさっぱりとした甘さになります。

材料（8個分）

ラード（p.185 参照）……30g
きび糖（上白糖、黒砂糖など）……30g
薄力粉……50g
片栗粉……10g

作り方

1. ボウルに常温に戻したラードを入れてなめらかになるまで混ぜたらきび糖を加え、さらにすり混ぜる。オーブンは 200℃に予熱する。
2. 薄力粉と片栗粉をふるい入れて混ぜ、粉っぽさがなくなったら手でまとめる。
3. 天板にクッキングシートを敷いてその上に生地をおき、めん棒などを使って1cm の厚さに均等にのばし、包丁で2cm × 5cm ほどのスティック状に切る。
4. 1cm くらいの間隔をあけて並べ、オーブンで 10 ～ 15 分焼く。表面にひびが入るくらいまでが目安。
5. 天板においたままで冷ます。完全に冷めるまではくずれやすいのでさわらない。

ポイント くずれやすい生地なので、のばしたり切る作業はクッキングシートを敷いた天板の上で行います。薄力粉 50g のうち 10g をきなこに代えると、きなこ味になります。

ラードで肉なし塩焼きそば

野菜たっぷりの塩焼きそばは、肉がなくてもラードを使うことによって、まるで肉を使っているかのようなコクを味わえます。野菜炒めやお好み焼きなども同様です。

材料（2人分）

ラード（p.185 参照）……15g
すりおろしにんにく……小さじ 1/2
もやし……1袋
小ねぎ……1/2 束
焼きそば麺……2人分
水……50cc
鶏ガラスープの素……小さじ2
塩こしょう……少々

作り方

1. 小ねぎは4cm 幅に切る。
2. フライパンにラードとすりおろしにんにくを入れて中火で熱し、ラードが溶けたら❶ともやしを炒める。
3. 焼きそば麺を加えて水をかけ、蓋をして2～3分蒸し焼きにする。
4. 鶏ガラスープの素を加え、塩こしょうで味をととのえる。

カリカリ焼きとん

焼きとりならぬ焼きとんは、塩こしょうした肉を串に刺して焼くだけ。じっくり焼くことで余分な脂が落ち、脂身が多めの豚バラ肉もおいしくいただくことができます。

材料

豚バラ肉（ブロック）……300g
塩こしょう……適量

作り方

1. 豚バラ肉は1cm 程度の厚みに切り、さらに食べやすい大きさに切る。
2. 竹串に刺し、塩こしょうをふる。
3. 魚焼きグリルの受け皿にアルミホイルを敷き、網の上に❷を並べ、弱火で15 分ほど焼く。こんがり焼けたら裏返してさらに10 分焼く。

ポイント アルミホイルに溜まった油はラードなので、ほかの料理に使いましょう。

スペアリブの骨でとんこつスープ

スペアリブの骨は冷凍保存ができます。ある程度溜まったら、自家製のとんこつスープはいかがでしょうか。スープやラーメン、鍋、雑炊などに使えます。

材料（できあがり300 ～ 400cc）

スペアリブの骨……100g
水……600cc
酒……大さじ2
ながねぎの青い葉……1本分
しょうが……1/2 片

作り方

1. しょうがは皮ごとスライスする。
2. 鍋に材料をすべて入れ中火にかけ、沸かす。
3. ボコボコと沸騰した状態を保ちながら30 ～ 40 分煮込む。水分が少なくなってきたら適宜水を足す。最後にザルでこす。

とんこつスープ雑炊

ほんのりみそ味のとんこつ雑炊です。雑炊というとこんぶやかつおの和風だしが定番ですが、とんこつスープを使うとコクが出て、食が進みます。〆の1品としてもおすすめ。

材料（1人分）

とんこつスープ（p.187 参照）……300cc
ごはん……150g
めんつゆ（2倍濃縮）……大さじ1
みそ……大さじ 1/2
たまご……1個
小ねぎ……お好みで

作り方

1. とんこつスープとごはんを鍋に入れて軽く混ぜ、中火で沸かす。
2. めんつゆとみそを加えてさっと煮たら、溶きたまごをまわし入れる。
3. たまごに火が通ったら軽く混ぜて器に盛り、お好みで小ねぎをちらす。

土鍋とんこつラーメン

土鍋で作るうえに、スープにはラードの膜ができるので冷めにくく、最後まで熱々でいただくことができます。

材料（1人分）

とんこつスープ（p.187 参照）……400cc
Ⓐ めんつゆ（2倍濃縮）……大さじ2
Ⓐ ラード（p.185 参照）……大さじ 1/2 ～1
Ⓐ すりおろしにんにく……小さじ 1/3
塩……少々
中華麺（ゆで）……1人分
チャーシュー、味玉、小ねぎ、いりごま……お好みで

作り方

1. 土鍋にとんこつスープを入れて中火にかけ、沸いたらⒶを加える。
2. 塩で味をととのえ、中華麺を入れてさっと煮る。
3. お好みでチャーシューや味玉、小ねぎ等をトッピングする。

ポイント「とんこつスープ」のできあがりが少ないときは、水を足して 400cc にします。

スペアリブで作る沖縄そば

沖縄そばはあっさりめのとんこつスープと、かつおぶしを中心とした魚介系のスープを合わせ、豚肉を甘辛く煮たラフテーをトッピングした郷土料理です。沖縄そばは太めの中華麺、泡盛は酒でも十分おいしくできますよ。

材料（1人分）

スペアリブ……300g

Ⓐ
- 水……1000cc
- 酒……大さじ3
- ながねぎの青い葉……1本分
- しょうが（スライス）……1片

Ⓑ
- 水……200cc
- 泡盛（酒）……150cc
- 砂糖……大さじ2
- しょうゆ……大さじ1と1/2

Ⓒ
- しょうゆ……大さじ1/2
- みりん……大さじ1/2

Ⓓ
- だし汁……200cc
- 酒……大さじ1
- しょうゆ……大さじ1/2

かつおぶし……1g

中華麺（ゆで・あれば沖縄そばの麺）……1人分

紅しょうが、さつま揚げ、小ねぎ……お好みで

作り方

① とんこつスープを作る。スペアリブとⒶを鍋に入れて沸かし、アクを取りながら弱火で1時間ゆでる。

② 具材を取り出してザルでこし、粗熱が取れたら冷蔵庫に入れる。冷え固まったラードを取りのぞき、200cc を計っておく。

③ ラフテーを作る。②で取り出したスペアリブとⒷを鍋に入れて沸かす。クッキングシートで落とし蓋をして、スペアリブがホロホロになるまで弱火で1時間ほど煮る。

④ 煮汁が減ってきたら、スプーンで煮汁をスペアリブにかけながらさらに煮る。煮汁がほとんどなくなったらⒸを加え、からめながら煮て照りを出す。

⑤ 沖縄そばを作る。かつおぶしは耐熱皿にのせ、ラップをせずに電子レンジ 600w で 40 秒前後加熱する。手でもんで粉々にする。

⑥ 鍋に②のとんこつスープ 200cc とⒹ、⑤を入れ、沸いたら中華麺を加えてさっと煮る。

⑦ 器に⑥を移し、④のスペアリブをのせる。お好みで紅しょうが、さつま揚げ、小ねぎをトッピングする。

ポイント ラフテーと②の工程でできるとんこつスープは多めにできます。ラードも取れますので、ほかの料理でお使いください。

49

牛肉

廃棄率
0%
0.0%

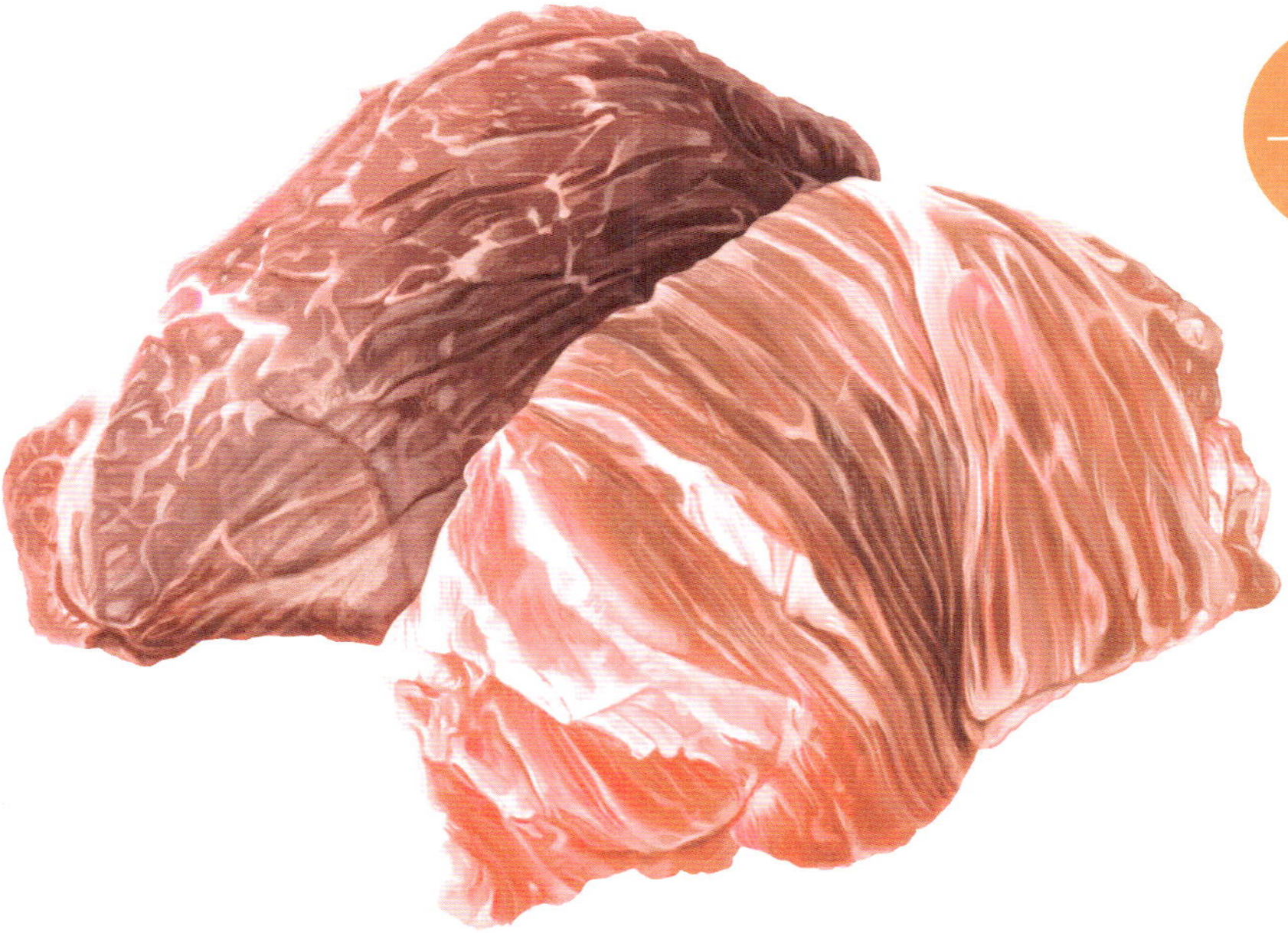

脂身の色は白ければ白いほど新鮮な証拠

牛肉はもも肉で比較すると、豚肉や鶏肉に比べて鉄分や亜鉛が豊富です。鉄分が不足すると貧血や集中力低下、亜鉛が不足すると免疫力の低下や皮膚トラブルが起きやすくなるので、食卓で意識して取り入れてほしい栄養素です。店頭で選ぶ際には脂身の色を確認しましょう。新しいものほど白く、時間が経つにつれ黄色っぽく変色します。私たちが購入できる牛肉はきれいに処理されており、基本的に食べられる部位ばかりです。ですから、ここでは牛脂や、ほかの部位に比べて安価だけど少し手間のかかる牛すじを取りあげています。

牛脂をうまく使えば いつもの料理が ワンランクアップ

牛脂はその名の通り牛の脂を精製したもの。特定の部位ではありません。（肉屋などでは脂身の多い部位をそのまま牛脂としているところもあります）すき焼きやステーキなどに使う方は多いでしょうが、それだけではもったいない！ 油の代わりに牛脂を使い、きんぴら、肉じゃが、もやし炒め、豆腐ステーキ、こんにゃく炒め、細かく刻んでハンバーグやミートソース、肉団子、カレーに加えて。コクやうま味が加わり、いつもの料理がワンランクアップします。

牛脂のガーリックライス

牛脂とにんにくから出る風味を、ごはんがしっかりキャッチ。食べ出したら止まらない、食べ盛りのお子さんにもうれしいがっつりメニューです。ホットプレートで作るとパーティー気分で楽しめます。

材料

牛脂……2個（15g 前後）
にんにく……1片
豚こま肉（牛こま肉）……200 ～ 300g
焼肉のたれ（市販）……大さじ2
ごはん……400g
コーン……50g
小ねぎ……適量
黒こしょう……少々

作り方

1. にんにくは薄くスライスする。
2. フライパンに牛脂1個を入れて、中火で熱する。溶けたら、❶をじっくりきつね色になるまで焼き、脂と一緒に小皿などに取り出す。
3. 同じフライパンに残りの牛脂1個を入れて中火で溶かす。
4. 豚こま肉を入れて炒め、火が通ったら焼き肉のたれをからめてさらに炒める。
5. フライパンの真ん中に大きくスペースをあけ、ごはんを入れる。コーン、小ねぎをお好みでトッピングする。
6. ❷のにんにくと脂をかけ、黒こしょうをふり、全体を混ぜ炒める。

牛脂でコクうまミートソース

牛脂を使うと、脂質控えめのひき肉を使っても、ミートソースがぐっとおいしくなります。多めに作って冷凍しておくと、パスタやドリアなどに使えて便利です。酸味が強い場合は、砂糖を多めに入れるとやわらぎます。

材料

- 牛脂……2個（15g 前後）
- たまねぎ……1個
- にんじん……1/2 本
- 合びき肉……200g
- すりおろしにんにく……小さじ 1/2
- Ⓐ
  - カットトマト缶……400g
  - 酒（または白ワイン）……50cc
  - 水……50cc
  - コンソメ……小さじ1
  - ローリエ……1枚
- ケチャップ……大さじ2
- 中濃ソース……小さじ1
- 砂糖……大さじ 1/2 ～1

作り方

1. たまねぎとにんじんはみじん切りにする。
2. フライパンに牛脂とすりおろしにんにくを入れて中火で熱し、香りが立ってきたら❶を炒める。
3. しんなりしたら、合びき肉を加えて色が変わるまで炒める。
4. Ⓐを加えてよく混ぜ合わせ、蓋をする。沸いたら弱火にして 10 分煮込む。
5. ローリエを取り出し、ケチャップと中濃ソース、砂糖を入れ、さらに煮詰める。

牛脂を使った肉団子の甘酢あん

豚ひき肉に刻んだ牛脂を混ぜて、うま味たっぷり、ジューシーな肉団子に。牛脂は冷凍しておき、解凍せずにそのまま刻むと扱いやすいです。

材料

牛脂……1個（7～8g）
たまねぎ……1/2 個
豚ひき肉……400g
Ⓐ たまご……1個
　 片栗粉……大さじ1
　 すりおろししょうが……小さじ1
　 鶏ガラスープの素……小さじ 1/2
Ⓑ 酒、砂糖、酢、水……各大さじ2
　 しょうゆ……大さじ1
　 片栗粉……大さじ 1/2
白髪ねぎ……適量
サラダ油……適量

作り方

① 牛脂とたまねぎはみじん切りにする。
② ボウルに豚ひき肉と①、Ⓐを入れてよくこねる。
③ ②を直径3cm 程度にまるめて肉団子を作り、180℃の油で揚げる。
④ フライパンにⒷを入れて中火にかける。ダマにならないよう絶えず混ぜ、沸いたら③を入れて、とろみがつくまでからめ煮る。
⑤ 器に盛り、白髪ねぎをトッピングする。

ポイント 白髪ねぎはながねぎの白い部分を、繊維に沿って千切りにしたものです。氷水につけるとくるっとカールして、よい食感になります。中の芯の部分は肉だねに入れてもよいでしょう。

牛すじ肉の下処理

牛すじ肉は味を入れる前に適切な下処理をすることで、本当においしい牛肉料理ができあがります。少し手間はかかりますが、それを差しおいても十分な価値はあります。

材料

牛すじ……300g
しょうが……1片
ながねぎの青い葉……1本分
水……適量

作り方

① しょうがは皮ごとスライスする。
② 鍋に牛すじを入れ、つかるまでたっぷり水を注ぐ。中火にかけ、沸いたらザルにあげる。
③ ボウルにぬるま湯をため②の牛すじをやさしく洗い、アクや汚れを取りのぞく。
④ 牛すじ肉を再び鍋に入れてつかるまで水を注ぎ、①とながねぎの青い葉を加えて中火にかける。
⑤ 沸いたら弱火にして、やわらかくなるまで1時間ほど煮る。途中、アクをすくい、適宜水を足して常に牛すじがつかるようにする。
⑥ 牛すじを取り出し、用途別にカットする。

ポイント 処理が終わった牛すじは、紹介している料理のほか、カレーやおでん、ポトフ、トマト煮、牛すじだいこん、コロッケなどに使えます。

牛すじとこんにゃくの煮物

牛すじとこんにゃくを甘辛く煮込みます。ながねぎをちらし、七味唐辛子をふると、お店に負けない見映えとおいしさです。ビールや日本酒と合わせておつまみとしてはもちろん、ごはんのすすむおかずにもなります。

材料

牛すじ（処理済み）……200g
こんにゃく……200g
だし汁……200cc
Ⓐ 酒……大さじ2
　しょうゆ……大さじ1
　みりん……大さじ1
　砂糖……小さじ2
　すりおろししょうが……小さじ 1/2
ながねぎ、七味唐辛子……お好みで

作り方

① こんにゃくはスプーンでひと口大にちぎり、2分ほどゆでてアク抜きをする。水気を切って鍋で乾煎りする。
② こんにゃくが白っぽくなったら、だし汁とⒶ、牛すじを加えて中火にかけ、沸いたら弱火にして 15 ～ 20 分煮る。
③ お好みでながねぎをちらし、七味唐辛子をかけていただく。

牛すじのとろとろビーフシチュー

処理済みの牛すじを赤ワインでコトコト煮込みます。赤ワインの成分により、水で煮込むよりもやわらかくなります。味つけはコンソメ小さじ1とデミグラスソースだけですが、お店のようなクオリティです。

材料

牛すじ（処理済み）……300g
赤ワイン（辛口）……400cc
ローリエ…1枚
コンソメ……小さじ1
たまねぎ……1個
じゃがいも……2個
にんじん……1本
水……200cc
デミグラスソース……1缶（300g）
サラダ油……大さじ1

作り方

❶ 牛すじと赤ワイン、ローリエ、コンソメを鍋に入れて沸かし、ホロホロになるまで弱火で1時間ほど煮込む。
❷ たまねぎはくし切りにする。じゃがいも、にんじんは皮ごと大きめに切る。
❸ フライパンにサラダ油をひいて中火で熱し、❷を炒める。
❹ ❸のフライパンに❶、水、デミグラスソースを入れて蓋をし、中火にかける。沸いたら弱火にして30分ほど煮込む。水分が少なくなりこげつきそうな場合は、水を適宜足す。
❺ 野菜がやわらかくなったら完成。

ポイント 野菜は大きめに切ると見た目もお店のようになります。たまねぎ、じゃがいもは1/4程度にカット、にんじんも同じくらいの大きさにそろえます。

魚類 50

青魚の皮に特に多く含まれるコラーゲンやDHA、EPA

廃棄率
55%
38.2%

※あじの場合。頭、内臓、ぜいご、血合い骨、腹骨を廃棄

魚の消費量は２００１年頃をピークに減少傾向にあります。下処理や生ごみのわずらわしさが一因になっていることは否めないでしょう。皮や骨を１つの食材としてとらえたら、生ごみの面は少しクリアになるかもしれません。

魚には脳の発育や記憶力の維持に重要なＤＨＡ、心臓など循環器系の健康を保つＥＰＡが含まれます。あじやさんまなどの青魚、その中でも皮に多く含まれます。そして皮には女性にはうれしいコラーゲンも。体内のたんぱく質の約１／３がコラーゲンでできており、特に皮膚に多く存在しています。そのため、美容分野での研究が進められています。体内でのコラーゲン合成には鉄やビタミンＣが必要なので、緑黄色野菜たっぷりの副菜や、フルーツなどを献立に盛り込むといいでしょう。

あじの骨せんべい

魚焼きグリルであじの骨にじっくり火を入れてせんべい風に。カルシウムたっぷりです。さんまやいわしの骨でも作ることができますが、あじより骨が細いので加熱時間は短めに調整します。

材料

あじの骨（生）……適量
塩……適量

作り方

1. 骨は水気を拭いて塩をふり、魚焼きグリルの弱火で10分、裏返してさらに5分焼く。

ポイント 加熱後のあじの骨をお使いの場合、片面5分ずつが加熱時間の目安です。こげやすいので様子を見ながら行いましょう。

骨ごと食べればカルシウムたっぷり

あじやさんまなどの骨にはカルシウムが多く含まれます。たとえば、小型のあじの唐揚げをまるごと食べたときのカルシウム量は、牛乳の8倍以上です。カルシウムはビタミンDとともに摂ると吸収率が高まりますが、魚は身にビタミンDを含むので、まるごと食べられるものは積極的にいただきたいですね。ご家庭で一番簡単に魚の骨を食べる方法は、骨せんべいや骨を粉砕してパウダー状にすることです。生ごみが減り、カルシウムも摂れるのでいいことずくめです。

フィッシュボーンパウダー

骨せんべい（p.197）はパウダーにすると応用もきき、みそ汁やたまご焼き、おひたしなど、さまざまな料理にパラッとひとふりすることができて便利です。味にもほとんど影響はありません。

材料

骨せんべい（p.197 参照）……適量

作り方

❶ 骨せんべいは風通しのよい場所でひと晩乾かし、ミルサーにかけて粉状にする。

さんまの骨ごとやわらか梅煮

さんまは極弱火でゆっくり煮込むと、骨までやわらかくなってまるごと食べられます。下ゆでをして、煮込む際はしょうが、梅干しを加えると臭みがやわらぎます。梅干しのさわやかな酸味と甘辛い味つけがよく合います。

材料

さんま（内臓処理済み）……2尾

Ⓐ
- 水……200cc
- 酒……大さじ2
- しょうゆ……大さじ2
- みりん……大さじ2
- 砂糖……大さじ1

しょうが……1/2 片

梅干し……2個

作り方

❶ さんまは 1/3 から半分に切る。しょうがは皮ごとスライスする。

❷ 鍋に水（分量外）をたっぷり沸かし、さんまを入れる。

❸ 10 秒ほどさっとゆでて臭みを取り、ザルにあげる。

❹ 鍋を洗ってⒶを入れて中火にかけ、沸いたら❸と❶のしょうが、梅干しを加える。

❺ 落とし蓋をして弱火で 30 分ほどじっくり煮込む。

ポイント

さんまは身がくずれやすいので、加熱中はあまりさわらないようにしましょう。また、苦味にありますが頭や内臓も食べられます。内臓は傷みやすい部分のため、新鮮なもの以外は取りのぞくほうが安心です。

鮭のあら汁

うま味も栄養もたっぷりのあら汁。鮭のあらは、1匹から300g程度しか取れない希少な部位です。しかも値ごろですからうれしいことばかり。みそ汁にすると、あらとだしが溶け合い、格別な1杯となります。

材料

鮭のあら……300g
だいこん……100g
にんじん……50g
ながねぎ……1/2本
だし汁……800cc
みそ……大さじ2～3

作り方

❶ だいこん、にんじんは5mm幅のいちょう切りにする。ながねぎは5mm幅の斜め切りにする。
❷ 鍋に湯（分量外）を沸かし、鮭のあらを入れて10秒ほどさっとゆでて臭みを取り、ザルにあげる。
❸ 鍋を洗って❶と❷を入れ、だし汁を注ぎ、ひと煮立ちさせる。
❹ 弱火にして、アクを取りながら10分ほど煮る。
❺ 野菜がやわらかくなったら火を止めてみそを溶かし入れ、再び火にかけて沸騰直前まで温める。

鮭の皮チップス

鮭の皮はグリルで焼くと香ばしい、パリパリのチップスになります。取り合いになるほどのおいしさです。コラーゲンやDHA、EPAなどの栄養素もたっぷり。おいしくて栄養豊富でごみも減る。いいことだらけです。

材料

鮭の皮（加熱済）……適量　　塩（塩分不使用の鮭の場合）……適量

作り方

❶ 鮭の皮は食べやすい長さに切る。
❷ 魚焼きグリルにアルミホイルを敷き、❶を皮の表面を上にして並べる。
❸ 5分ほど焼き、裏返してさらに1分ほど焼く。皮の厚みや脂ののり具合によってパリパリになるまでの時間が変わるので、様子を見ながら加熱時間を調整する。

肉・魚介

51

えび

廃棄率
60%
0.0%

※アルゼンチンあかえびの場合

殻にはうま味成分が身の3倍近く含まれる

えびは脂質が控えめで、たんぱく質が豊富。ダイエット食材として人気があります。殻は捨ててしまいがちですが、栄養面だけではなく、おいしさの面でも捨てるのはもったいないです。殻からは、非常によいだしが出ます。ある研究では、えびの身と比べ、うま味成分のグルタミン酸が3倍近く含まれるという報告があります。一番簡単なのは殻をスープ類に入れることですが、お時間が許す方にぜひ試してほしいのがえびパウダーです。一度作れば保存もきき、ふりかけやスープ、サラダ、たまご焼き、ディップソース、ピラフなど、いろいろな料理に使えます。

殻に多いアスタキサンチンで老化対策！

えびの殻で見逃せない栄養素はカルシウムと、色素成分であるアスタキサンチンです。カルシウムは特に桜えびに多く、近年スーパーでよく見かけるアルゼンチンあかえびの15倍以上の含有量ですが、これは桜えびは殻ごと食べるから。アルゼンチンあかえびをはじめ、甘えびやバナメイエビなどの殻も、パウダーにしたり、カリカリに揚げたりすると食べやすくなりますから、ぜひお試しください。また、アスタキサンチンには過剰な活性酸素を抑える作用があります。活性酸素はDNAやたんぱく質などの細胞にダメージを与える可能性があるので、抑制する作用のあるアスタキサンチンを摂ることは老化対策になると考えられています。

えびパウダー

えびの殻を加熱乾燥してパウダーに。カルシウムたっぷりです。たこ焼きやたまご焼きなどに入れてもいいですし、塩と合わせてえび塩を作り、ふりかけにしたり、サラダやフライドポテトにかけてもいいですね。えびの種類によってパウダーの色が変わります。

材料

えびの殻……4、5尾分

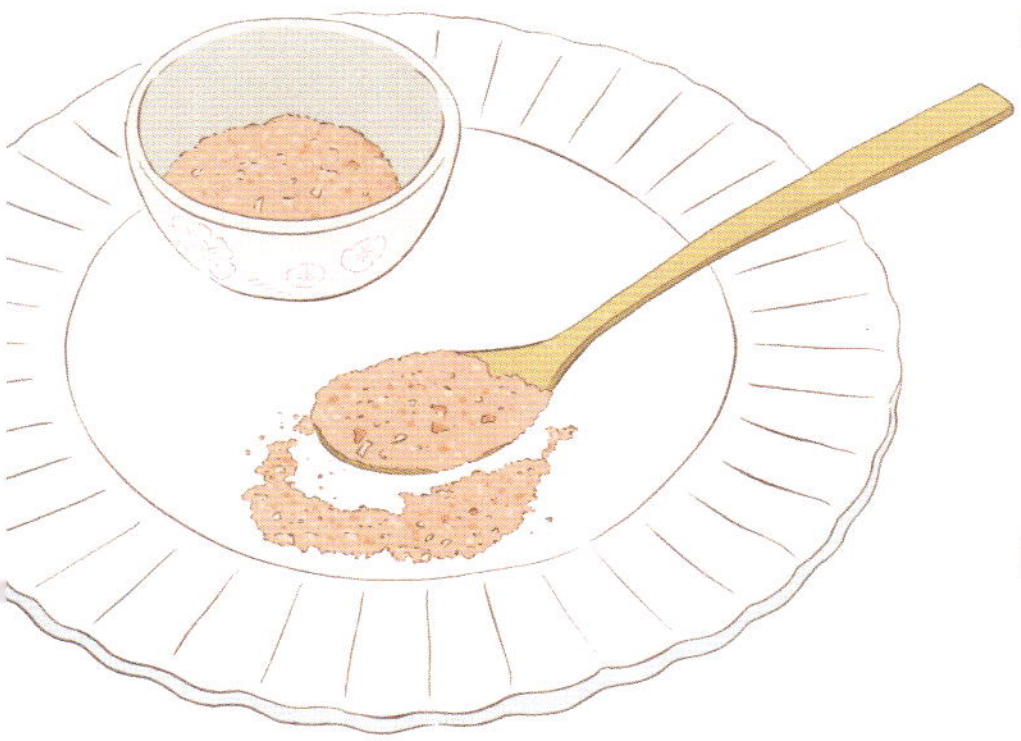

作り方

❶ 生のえびの場合は水洗いをして水気を拭き取る。オーブンは180℃に予熱する。

❷ 天板にクッキングシートを敷いて、❶のえびの殻を重ならないように並べる。オーブンで下記を目安に加熱乾燥させる。
＜生のえびの場合＞
頭なし　40分
頭あり　頭を縦半分にカットして50分
＜加熱後のえびの場合＞
頭なし　30分
頭あり　頭を縦半分にカットして40分

❸ 水分が完全に飛ぶまで加熱乾燥させたら冷まして、ミルサーでパウダー状にする。

えびパウダーを使ったビスク風

えびのスープといえば濃厚な味わいの、ビスク。通常はえびや野菜を煮出したうえで裏ごししますが、このレシピではえびパウダーを使って野菜もこしません。面倒な作業もなく、しかも殻のカルシウムがまるごと摂れます。

材料

Ⓐ
- えびパウダー……大さじ2
- カットトマト……200g
- 水……200cc
- 白ワイン……大さじ2
- コンソメ……小さじ2

- たまねぎ……1個
- にんにく……1片
- バター……10g
- 牛乳……200cc
- 塩……少々
- ドライパセリ……適量

作り方

1. たまねぎとにんにくは薄くスライスする。
2. 鍋にバターとにんにくを入れて中火で熱し、にんにくの香りが立ってきたらたまねぎを炒める。
3. たまねぎがしんなりしたらⒶを加えて中火で沸かし、15 分煮込む。
4. 火を止め、ブレンダーまたはミキサーにかける。
5. ペースト状になったら鍋に戻し入れ、牛乳を加えて混ぜ合わせ、ひと煮立ちさせる。
6. 塩で味をととのえ、器に盛ってドライパセリをふる。

ポイント 牛乳を加える前にしっかり煮込み、えびと野菜のうま味を凝縮させます。

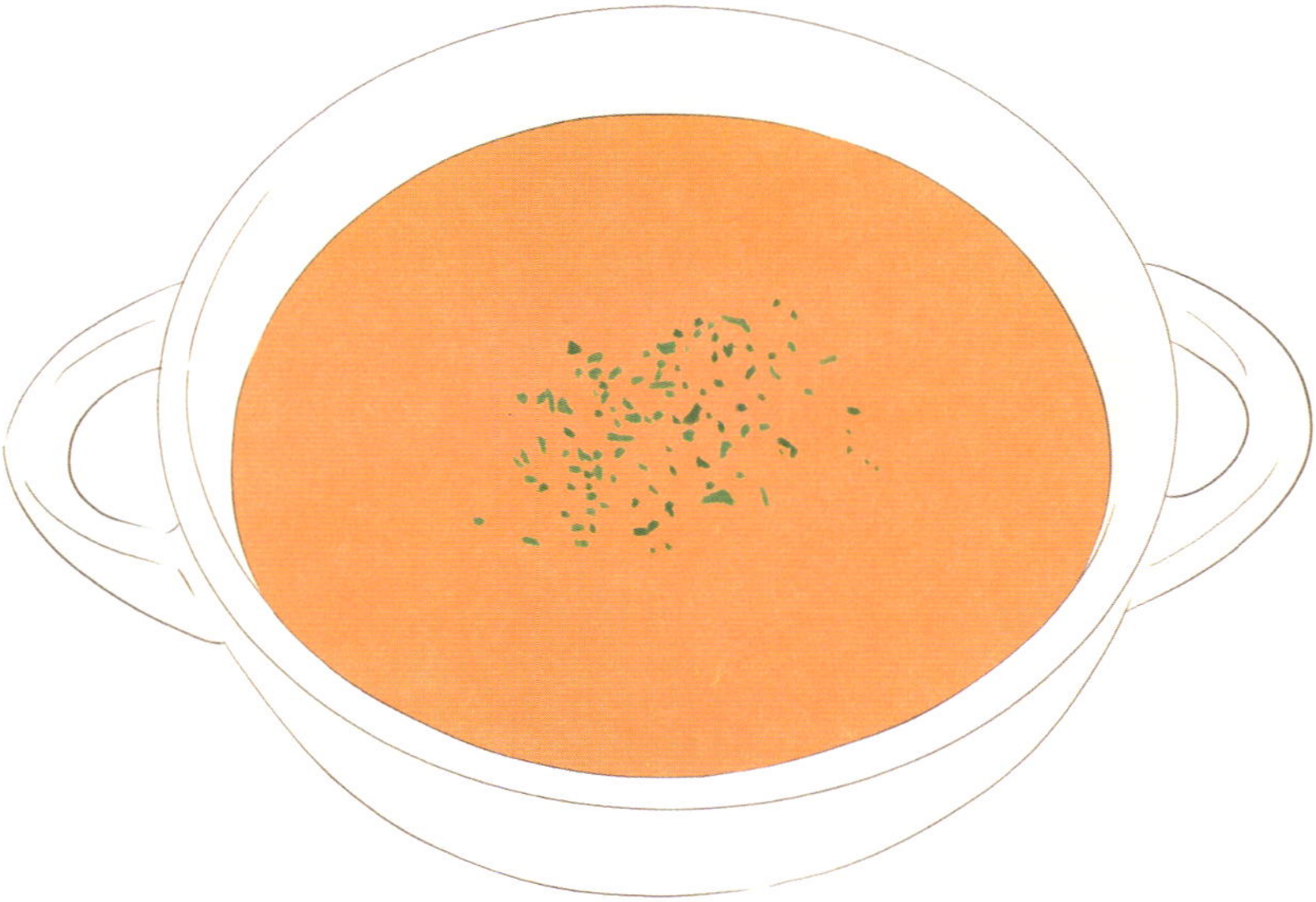

えびだしのみそ汁

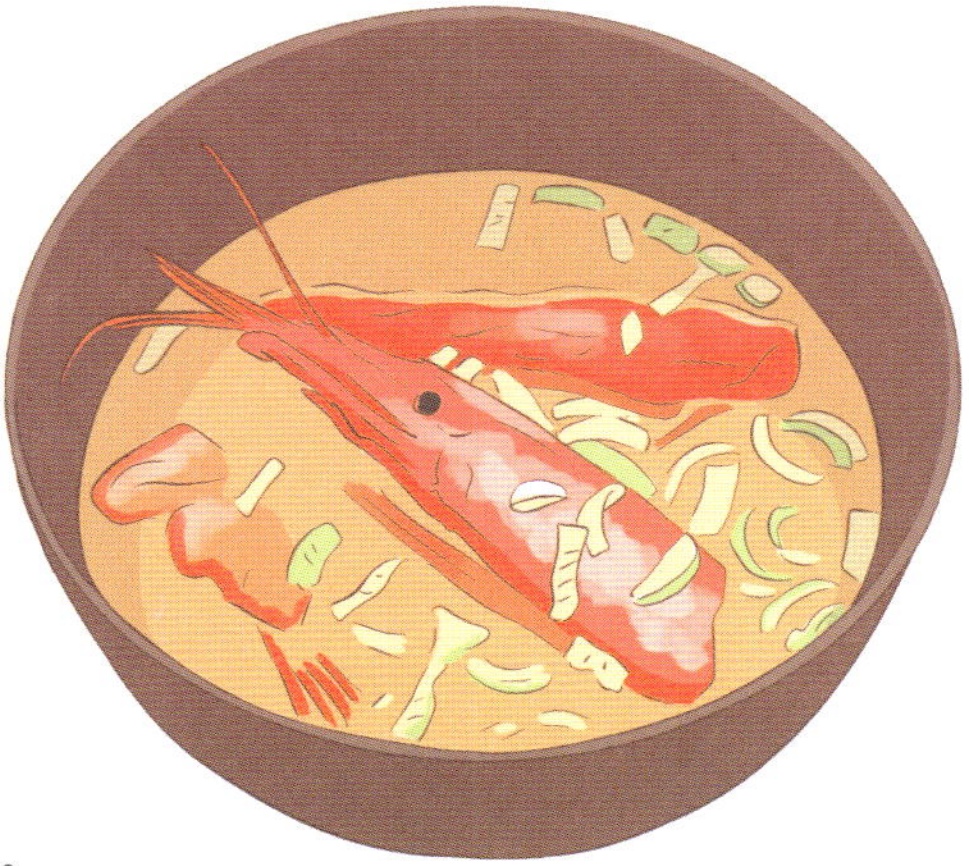

えびから出ただしを楽しむ、シンプルなみそ汁です。えびは先に乾煎りをしてから煮ると生臭くなりません。頭の部分から特に濃厚なうま味が出ます。

材料

えびの頭・殻……5、6尾分
水……400cc
みそ……大さじ1
ながねぎ……適量

作り方

1. 鍋にえびの頭と殻を入れ、中火で炒める。
2. 全体がカラッとしてきたら水を入れて沸かし、アクを取る。
3. 火を止めてみそを溶かし入れ、ながねぎを加える。
4. 再度火にかけ沸騰直前まで温める。

殻ごと食べるえびのガーリック揚げ

えびは種類にもよりますが、油でカラッと揚げると殻がカリカリになってまるごと食べられます。にんにくの香りが食欲をそそり、おかずにもおつまみにもおすすめです。レモンをかけて食べると後味さっぱり。

材料

バナメイエビ（殻つき）……180g
Ⓐ しょうゆ……小さじ2
Ⓐ 酒……小さじ2
Ⓐ すりおろしにんにく……小さじ 1/2
薄力粉……適量
サラダ油……適量
レモン……お好みで

作り方

1. えびは背中にそって軽く包丁を入れ、背ワタを取る。
2. Ⓐを合わせ、❶を 10 分ほど漬け込む。
3. ❷に薄力粉をまぶして 180℃の油でこんがり揚げ、お好みでレモンをかける。

column
03

食材を使い切る
コーヒーかす

ある大手コーヒーチェーン店では、日本だけでも概算で年間 6270 トンものコーヒーかすが出るとしており、たい肥や飼料にリサイクルする仕組みが導入されているといいます。ご家庭でリサイクルするのは難しいですが、可能な限り環境にやさしい形で、使い尽くしてから捨てられるといいですね。

消臭剤・入浴剤

コーヒーかすは表面に小さく穴があいています。その構造や、コーヒーに含れるポリフェノール等の作用により、悪臭を吸収する働きがあるので消臭剤として活用してみてはいかがでしょうか。また入浴剤としても利用でき、コーヒーの香りに包まれてリラックスしたバスタイムを楽しめます。

材料

コーヒーかす、お茶などを入れるフィルターパック

作り方

1. 平たい皿やバットの上にキッチンペーパーを敷き、できるだけ重ならないようにしてコーヒーかすを広げる。
2. 1～2日おき、完全に乾いたらフィルターパックに入れる。すぐに使わないときは、乾燥剤とともに保存袋に入れて保管する。
3. 消臭剤として靴箱やトイレなど、臭いの気になる場所においたり（1週間程度で交換）、入浴剤として湯船に入れる。入浴後は浴槽に色がつかないように、お湯を抜き洗い流す。

捨てる際は乾かしてから

捨てる際はしっかり乾かすと、重量が減り、ごみの削減や焼却に必要なエネルギーの低減にもつながります。コーヒーかすだけでなく、野菜や果物なども同様です。生ごみの約70％が水分で、焼却エネルギーのほとんどは水分を飛ばすために利用されているといってもいいほど。新聞紙等の上に広げればあとはほったらかして乾かすだけ。それが難しいなら、生ごみの水分を手でギュッとしぼるだけでもずいぶん変わります。手軽にはじめられる毎日のエコ習慣としておすすめですよ。

捨てないレシピ

その他

茶葉

廃棄率
100%
0.0%

※茶がらとして廃棄するものをすべて食べた場合

緑茶と紅茶。大切なのは抽出温度

緑茶にも紅茶にも抗菌作用のあるポリフェノールやリラックス成分が含まれますが、抽出温度によって成分や苦味が変わります。緑茶は80℃以上でポリフェノールの一種であるカテキンが多く出て、苦味と渋味が強くなります。うま味成分であり、リラックス作用のあるテアニンは50℃くらいで抽出できます。うま味を活かしたいときは、ぬるめで抽出するといいですよ。一方、おいしく紅茶をいれるには１００℃がよいとされます。抽出温度が高いほどポリフェノールの濃度も高くなり、香りもよくなります。ただしポリフェノールは苦味成分でもあるので、苦味を避けたい場合は長く蒸らしすぎないようにしましょう。

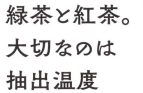

茶がらがおいしく変身。料理以外にも使える

緑茶、紅茶の茶がらは食べられます。なんとなく抵抗を感じる方は、スイーツ類に使うと問題なく楽しんでいただけると思います。クッキーやパウンドケーキ、蒸しパンなどにご使用ください。また、料理以外にも活用できます。どちらの茶がらにも抗菌・消臭作用のあるポリフェノールがまだ含まれるので、二番煎じの緑茶や紅茶を使ったうがいで風邪対策をしたり、乾燥させたものを通気性のある袋に入れ、消臭剤として使ったりできます。靴箱において1週間ほどで取り替えましょう。抽出済みのティーバッグでも、中身を取り出せば同様に扱うことができます。

茶がらとひじきの炊き込みごはん

茶がらに残っているカテキンや食物繊維がまるごと摂れます。茶がらは味が薄まっているので、炊き込みごはんに入れるとほのかに香る程度で、味つけを邪魔しません。当然、ひじきやめんつゆなど和の食材との相性もいいですよ。

材料

緑茶の茶がら……1～2パック分
ひじき……2g
にんじん……50g
油揚げ……1枚
米……2合
めんつゆ（2倍濃縮）……大さじ2

作り方

① 米はといで2合のラインまで水（分量外）を入れる。
② ひじきは水で戻し、にんじんは千切りにする。油揚げは必要に応じて油抜きをして、食べやすい大きさに切る。
③ ①にめんつゆを入れて軽く混ぜ、茶がらと②を加える。炊きムラを防ぐため具材は混ぜない。普通炊きをして炊けたら全体を混ぜる。

緑茶パウダー

茶がらを乾燥させ、ミルサーで粉状にします。一番茶に比べると少し風味は劣りますが、お湯に溶かせば緑茶としてもう一度楽しむことができます。また、お茶漬けや緑茶塩、緑茶の菓子などにもお使いいただけます。

材料

緑茶の茶がら……適量

作り方

① 大きめのザルやバットの上にキッチンペーパーを敷き、緑茶の茶がらを広げて２〜３日乾かす。
② 完全に乾いたら、ミルサーで粉状にする。

茶がらのキンパ

緑茶の茶がらをほうれん草のナムルに見立てたキンパ（韓国風の巻き寿司）です。ほんのり感じる茶がらの苦味が、ごま油と鶏ガラの風味とマッチします。にんじんのナムルや、たまご焼きも一緒に巻くと、色鮮やかです。

材料（４本分）

緑茶の茶がら……３パック分
Ⓐ ごま油……大さじ1
　 鶏ガラスープの素……小さじ 1/2
にんじん……1/2 本
Ⓑ ごま油……大さじ 1/2
　 鶏ガラスープの素……小さじ 1/3
たまご焼き……適量
ごはん……２合分
Ⓒ ごま油……大さじ 1/2
　 いりごま……大さじ1
　 塩……少々
焼きのり（あればキンパ用）……全形４枚

作り方

① 茶がらのナムルを作る。水気を取った茶がらとⒶを混ぜ合わせる。
② にんじんのナムルを作る。にんじんは千切りにして耐熱容器に入れ、ふんわりとラップをして 600w の電子レンジで1分 30 秒加熱する。
③ ②とⒷを混ぜ合わせる。
④ たまご焼きは1cm 角のスティック状に切る。
⑤ ごはんにⒸを混ぜる。
⑥ 焼きのりにごはんと各具材を 1/4 ずつのせて巻く。計４本作る。

豚肩ロースの紅茶煮

豚肉を紅茶で煮ると、タンニンによって臭みが取れてすっきりとした風味になります。茶がらでも十分その効果を期待できます。

材料

紅茶の茶がら（パックのまま）……4パック
豚肩ロース肉……300g

Ⓐ
- しょうゆ……100cc
- 酒……100cc
- みりん……50cc
- 砂糖……50cc

作り方

1. 鍋にたっぷり湯（分量外）を沸かし、紅茶をパックごと入れて5分ほど煮出す。
2. 紅茶パックを取り出して豚肩ロース肉を入れ中火にかける。沸いたら弱火にして、アクを取りながら40～50分煮て取り出す。
3. 別の鍋にⒶを入れ、ひと煮立ちさせたら冷ましておく。
4. ③を保存袋に移し、②を漬ける。冷蔵庫でひと晩寝かせる。

紅茶のスノーボールクッキー

サクサクほろほろのスノーボールです。アーモンドプードルの代わりに片栗粉を使用。手でまるめて焼くだけで、型も技術も不要でとっても簡単です。

材料（20個分）

紅茶の茶がら……1パック分
無塩バター……60g
砂糖……30g
薄力粉……80g
片栗粉……30g
粉砂糖……適量

作り方

1. 茶がらは乾燥させ、茶葉が大きい場合は砕くか、パウダーにしておく。無塩バターは常温に戻す。オーブンは170℃に予熱する。
2. ボウルに無塩バターを入れてなめらかになるまで混ぜたら砂糖を加え、さらによくすり混ぜる。
3. 薄力粉と片栗粉をふるい入れ、茶がらも加えてさっくり混ぜる。粉っぽさがなくなったら手でまとめ、直径1.5cmほどにまるめる。
4. 天板にクッキングシートを敷いて③を並べ、オーブンで20分焼いて完全に冷めたら粉砂糖をまぶす。

その他

53

かつおぶし こんぶ

廃棄率
100%
↓
0.0%

※だしがらとして廃棄するものをすべて食べた場合

ミネラルたっぷり。海の恵みのだしコンビ

かつおぶしにはたんぱく質やミネラルが含まれていますが、荒節と枯節の2つに大きく分けられていることをご存じでしょうか。できあがるまでの工程や日数が異なり、より上品で香り高く、濁りのないだしが取れるのは枯節のほうです。商品の原材料名を見て「かつおのふし」と表示されているものが荒節、「かつおのかれふし」が枯節なので、選ぶ際の参考にしてみてくださいね。こんぶには日高こんぶや真こんぶなどの種類がありますが、どれもカリウム、マグネシウム、カルシウム、鉄、亜鉛など幅広いミネラルを含みます。まさに海の恵みです。

だしがらにもまだ栄養素やうま味は残っている

だし汁のうま味を活かすと、塩分が控えめでもおいしい料理が作れます。かつおぶしに含まれるのはイノシン酸、こんぶにはグルタミン酸、それぞれ異なるうま味成分です。2つを組み合わせると相乗効果で、うま味が7~8倍にアップ！　そして、だしがらにも栄養素が含まれていますし、うま味もまだ残っています。ここではだしがらを利用したレシピを3品紹介していますが、これ以外にも佃煮やふりかけ、細かいかつおぶしはそのままみそ汁やおひたしに入れて食べるなどして、最後までおいしくいただきましょう。

手作りだししょうゆ

だしがらにもうま味が眠っています。だしがらのこんぶ、かつおぶしを塩分濃度が高いしょうゆに漬けると、まだまだうま味が出てきますよ。たまごかけごはんやお刺身、冷奴などに使うと上品な味わいです。

材料

だしがらこんぶ……適量
だしがらかつおぶし……適量
しょうゆ……適量

作り方

1. オーブンは120℃に予熱する。
2. 天板にクッキングシートを敷いて、だしがらこんぶとかつおぶしを並べ、オーブンで15分加熱乾燥させる。
3. こんぶのみを取り出して、かつおぶしはさらに15分追加で加熱乾燥させる。
4. 冷めたら清潔な保存瓶に入れ、つかるまでしょうゆを注ぐ。
5. 冷蔵庫で1日寝かせる。

手作り塩こんぶ

出がらしのこんぶで作る自家製塩こんぶです。乾燥時間を調整すればお好みのやわらかさにできます。しっかり加熱乾燥させて固めに仕上げるとおしゃぶりこんぶのようになり、子どものおやつにもおすすめです。

材料

だしがらこんぶ……50g

A
- 砂糖……小さじ2
- みりん……大さじ1/2
- 酢……大さじ1/2
- しょうゆ……大さじ1/2
- 水……100cc

砂糖……小さじ1

塩……ひとつまみ

作り方

1. オーブンは120℃に予熱する。
2. だしがらこんぶは千切りにする。
3. 小鍋に2とAを加えて中火にかけ、沸いたら弱火にして汁気がなくなるまで煮る。
4. 天板にクッキングシートを敷き、3を重ならないように並べる。
5. オーブンで10～15分加熱乾燥させる。
6. 冷めたら砂糖、塩をまぶす。清潔な容器や保存袋に入れて常温保存。早めに食べ切る。

ポイント だしがらこんぶはぬめりが出てすべることがあるので、切る際にはお気をつけください。

だしがらの松前漬け

おせち料理でおなじみの松前漬けを、だしがらとおつまみ用のするめいかを使って簡単アレンジ。手が込んでそうに見えますが、実はとてもシンプルで簡単な料理です。お正月だけでなく、日頃の常備菜にもおすすめです。

材料

だしがらこんぶ……20g
だしがらかつおぶし……20g
にんじん……40g
おつまみのするめ……40g

Ⓐ
しょうゆ……大さじ2
みりん……大さじ1
砂糖……大さじ1
酢……大さじ1
水……200cc
鷹の爪（輪切り）……適量

作り方

① だしがらこんぶとにんじんは千切りにする。するめはさっと水にくぐらせ5分おき、千切りにする。
② だしがらかつおぶしはキッチンペーパーを敷いた耐熱皿に広げ、ラップをしないで600w の電子レンジで2〜3分加熱する。
③ ①をザルに入れ、熱湯（分量外）をまわしかける。
④ 水気を切って清潔な保存容器に入れ、②も加える。
⑤ 鍋にⒶを入れて沸かして熱いうちに④に注ぎ、粗熱が取れたら冷蔵庫で1〜2日寝かせる。

ポイント だしがらはもちろん、おつまみのするめからもうま味が出て、奥深い味わいです。

その他

54

缶詰

廃棄率
0%
0.0%

常温保存ＯＫでローリングストックにおすすめ

缶詰は密封後に加圧加熱殺菌が施されており、常温で長期保存が可能です。加工品のため、比較的生産や価格が安定しているのも長所のひとつです。いざというときのためにストックしている方も多いかと思いますが、災害が多い日本では近年、缶詰をローリングストックする人も増えてきました。これは長期保存をして賞味期限ギリギリになって食べるのではなく、缶詰を普段使いして、食べた分だけを買い足すという方法です。これだとうっかり賞味期限が切れてしまっていたなんてこともないですし、非常時に食べ慣れているものを口にできるという安心感もあります。栄養価も高いものが多いので、日常的に缶詰を取り入れてみてはいかがでしょうか。

缶詰は栄養素やうま味がつまっている

魚やコーンの缶詰には栄養素やうま味がたっぷり。たとえば、さば缶に含まれるDHAやEPAは生さばに比べて1・3倍。骨ごと加工されているので、カルシウムは生さばの43・3倍と驚きの数値です。コーン缶についてもβ-カロテンは生とうもろこしの1・2倍、食物繊維は1・1倍です。旬の新鮮なものと缶詰、それぞれのメリットがあるので、季節や料理に合わせて活用したいですね。また、缶詰は基本的にすべて食べ切ることを想定しているので廃棄率はもともと0%です。缶汁には食材のうま味や栄養素が溶け出しているので、捨てずに活用しましょう。

さば缶のけんちん汁

けんちん汁は地域や家庭によって具材や味もさまざまですが、魚や肉など動物性の食材を入れるとうま味がアップします。さば缶を汁ごと入れれば栄養価もぐんと上がります。野菜はお好みのものを使ってください。

材料

さば缶（水煮）……1缶（190g）
だいこん……150g
にんじん……1本
さといも……3個
油揚げ……2枚
だし汁……800cc
みそ……大さじ2～3

作り方

1. だいこん、にんじん、さといも、油揚げは1cm 程度のさいの目切りにする。油揚げは必要に応じて熱湯で油抜きをする。
2. 鍋にだし汁、だいこん、にんじん、さといも、を入れて沸かし、やわらかくなるまで煮込む。
3. 野菜がやわらかくなったら油揚げとさば缶を汁ごとを加え、さらに2～3分煮る。
4. 火を止めてみそを溶かし入れ、再び火にかけて沸騰直前まで温める。

さば缶の冷や汁

冷や汁は宮崎の郷土料理で、ごはんに魚介類や野菜の素材を活かした汁をかけて食べる料理です。あじやたいのほぐし身を使うことが多いですが、ここでは簡単にさばの水煮缶を使用します。さらっと食べやすいので夏バテ対策にも。

材料

さば缶（水煮）……1缶（190g）
みそ……大さじ2
すりごま……大さじ2
木綿豆腐……半丁（150g）
冷水……300cc
きゅうり……1/2 本
塩……ひとつまみ
すりおろししょうが……小さじ 1/3
ごはん……適量
大葉……お好みで

作り方

1. きゅうりは2mm 幅の輪切りにし、塩をまぶして5分おいて水気をしぼる。
2. ボウルにみそとさば缶を汁ごと入れてフォークでほぐし、すりごま、木綿豆腐を加えてつぶす。
3. 冷水を2、3回に分けて入れ、1を加えて混ぜる。
4. 器に盛り、お好みですりおろししょうが、千切りの大葉をトッピングする。
5. ごはんにかけていただく。

ポイント さばのほか、いわしやさんま、鮭、あじの水煮缶を使ってもおいしくいただけます。

さば缶とクリームチーズのホットサンド

さばの水煮缶は意外と洋風料理と相性がよく、乳製品にもマッチします。それぞれの素材の風味がしっかりしているので、調味料を加えなくてもおいしくできます。

材料

さば缶（水煮）……1缶（190g）
じゃがいも……2個
クリームチーズ……100g
食パン（8枚切り）……適量

作り方

① じゃがいもは水で濡らして、まるごとラップに包む。600w の電子レンジで3分加熱したら、上下を返してさらに2分加熱する。粗熱が取れたら、皮はむいて細かく刻み、実はつぶす。
② 鍋に①とさば缶を汁ごと入れ、混ぜながら中火で水分を飛ばす。じゃがいもがぽてっとするくらいの固さになったら、火を止めクリームチーズを混ぜる。
③ 食パンに②を適量はさみ、ホットサンドメーカーで両面こんがりと焼く。トースターやフライパンで焼いても OK。

ポイント レモン汁や黒こしょうを入れ、パテとしても楽しめます。

無限ツナピーマン

おいしくて無限に食べられることからその名が知れ渡った「無限ピーマン」。塩こんぶとツナをオイルごと加えれば、まさにやみつきになるおいしさです。

材料

ツナ缶（油漬け）……1缶（70g）
ピーマン……4個
Ⓐ「 塩こんぶ（p.212 参照）……10g
ごま油……大さじ 1/2
いりごま……小さじ1
鶏ガラスープの素
……小さじ 1/2

作り方

① ピーマンは種とワタごと千切りにする。
② ボウルにツナ缶をオイルごと入れ、Ⓐと①を和える。

ポイント 新鮮なピーマンは生のまま食べられますが、苦手な方はふんわりとラップをして 600w の電子レンジで2分ほど加熱するといいでしょう。

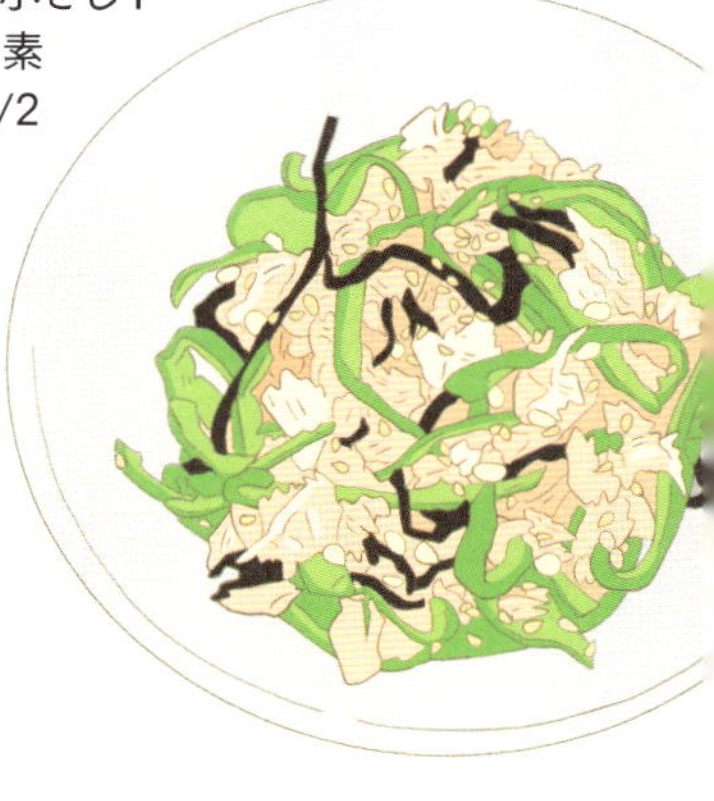

ツナ缶のオイルごとアラビアータ

うま味と栄養素が詰まったツナ缶のオイルを余すことなく使う、ペンネアラビアータです。タバスコでお好みの辛さに調整できます。粉チーズをふるとマイルドに。

材料（２人分）

ツナ缶（油漬け）……1缶（70g）
オリーブオイル……大さじ1
にんにく……1片
カットトマト……1缶（400g）
コンソメ……小さじ2
ペンネ……２人分
鷹の爪（輪切り）……適量
塩……適量
タバスコ、ドライパセリ、粉チーズ……お好みで

作り方

① ツナ缶はツナとオイルに分ける。にんにくはみじん切りにする。
② フライパンに①のオイルとオリーブオイル、にんにく、鷹の爪を入れ、中火で熱する。
③ 香りが立ってきたら、①のツナとカットトマト、コンソメを加えて 10 分ほど煮る。
④ 別の鍋で、パッケージ記載の加熱時間を参考にペンネをゆでる。
⑤ ③に④を入れ、塩で味をととのえる。お好みでタバスコ、ドライパセリ、粉チーズをかける。

コーン缶の汁を使ったかきたまスープ

コーン缶の汁には、とうもろこしの甘みや栄養素が溶けています。捨ててしまうのはもったいないので、スープのだし汁として使うのがおすすめですよ。鶏ガラスープの素で味つけをするだけで、ほんのり甘い中華スープができます。

材料

Ⓐ
- コーン缶の汁……70g
- 水……330cc
- 鶏ガラスープの素……小さじ1

たまご……1個
小ねぎ……お好みで

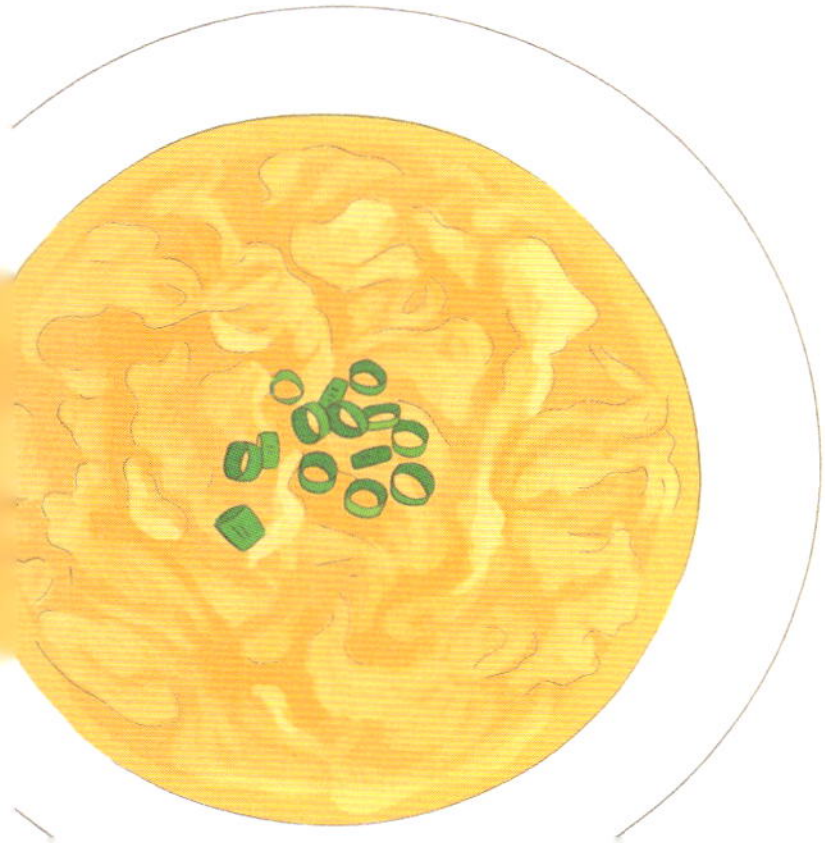

作り方

① Ⓐを鍋に入れて沸かし、溶きたまごを少しずつまわし入れ、ふんわり浮いてきたら全体を混ぜる。
② 器に盛り、お好みで小ねぎをちらす。

かぼちゃとコーンのサラダ

コーン缶の汁を使ってかぼちゃを蒸し煮にすると、コクのあるかぼちゃサラダができます。

材料

コーン缶……1缶（190g）
かぼちゃ……1/4 個（300g）
マヨネーズ……大さじ1
塩……少々
粉チーズ、黒こしょう……お好みで

作り方

① かぼちゃは皮ごとひと口大に切る。
② フライパンに①とコーン缶の汁のみを入れて蓋をし、極弱火で 10 ～ 15 分蒸す。
③ かぼちゃがやわらかくなったら中火で水分を飛ばし、フォーク等でつぶす。
④ 粗熱が取れたらマヨネーズとコーンを混ぜ、塩で味をととのえる。
⑤ 器に盛り、お好みで粉チーズや黒こしょうをふる。

コーンのチーズ蒸しパン

コーンの甘みとチーズの塩気が絶妙にマッチした蒸しパンは、朝食やおやつにぴったりです。できたてはホカホカで、チーズがとろけます。

材料

コーン缶……1缶（190g）
牛乳……80cc
ホットケーキミックス……1袋（150g）
とろけるタイプのチーズ……60g

作り方

① コーン缶は実と汁に分ける。
② ボウルに①の汁と牛乳、ホットケーキミックスを入れてよく混ぜ、コーンとチーズの半量も加え生地を作る。
③ シリコンカップ（８号サイズ）の８分目まで②を流し、飾り用のコーンとチーズをちらす。
④ フライパンに1cmの高さまで湯をはり、薄手のふきんを敷いて③のシリコンカップを並べる。蓋をして極弱火で 10 分蒸す。電子レンジの場合は耐熱皿にのせ、ふんわりとラップをかけ 600w の電子レンジで２分 30 秒～３分加熱し、そのまま1～２分蒸らす。

ポイント すぐに食べないときはラップをして冷蔵庫へ。ラップに包んだまま電子レンジで再加熱をすると、作りたてのおいしさを味わえます。

おわりに

『捨てないレシピ』さえあれば、これまで捨てていた食べ物が、おいしい料理へ生まれ変わります。

私自身、この本を制作するまではまさか、たまねぎの皮やいちごのヘタまで捨てずに食べられるなんて……！　想像もしていませんでした。機会があれば読者さんと、カリカリにローストしたすいかの種、自家製鶏ガラスープのおいしさについて語り合いたいくらいです。

物価の高騰、食品ロス問題など……。考えると気が重くなりますが、『捨てないレシピ』なら、それぞれの生活スタイルに合わせ自然体で楽しむだけで、知らず知らずのうちに節約や健康、環境保全にもつながります。誰でもいつでもはじめられる社会貢献であるのはもちろん、冒頭の「4つの捨てない」にプラスして「食材＝命」を大切にいただき、晴れやかな気持ちになれる。心への好影響が大きな魅力であると感じています。

私たち管理栄養士の仕事は栄養価計算、献立作成や食育、レシピ開発など多岐にわたりますが、共通する目的のひとつが「QOL（クオリティ・オブ・ライフ）

＝生活の質」の向上です。『捨てないレシピ』も皆さんの心身の健康、よりよい人生に役立ちますようにと願って制作しました。

またこの本は私の知見の集大成で、祖母や母、農家さんに教わった食べ方や、これまでの食習慣も大きく反映されています。例えば、だいこんの葉のふりかけやピーマンの肉詰めは母から教わった、おふくろの味がベースになっています。きっと、それぞれの地域、家庭にはもっといろいろな『捨てないレシピ』があるのではないでしょうか。私はこれからも、大切な人との出会いや食体験を通じて『捨てないレシピ』の可能性を探究していけたらと思います。

たくさんの方に支えられながら数百の試作を重ね、１９０品ものレシピを掲載していただけたことも、未だに信じられない気持ちでいます。数多くの管理栄養士のなかから私を見つけてくださった編集者の松永さんをはじめ、イラストレーターの鳥居さん、デザイナーの井上さん、野菜や果物の生産者さん、「がんばってね」と応援してくれた友人・知人、子育てや試作をサポートしてくれた家族。そして、この本を今手に取ってくださっている書店員さんや、読者さん。関わるすべての皆さんに感謝の気持ちでいっぱいです。

最後までご覧いただき、ありがとうございました。この本を通じて、「野菜まるごと使い切れた！」「種ってこんなにおいしいの！」たくさんの感動を共有できたら、とても幸せです。

参考サイト

文部科学省「日本食品標準成分表（八訂）増補 2023 年」
厚生労働省「日本人の食事摂取基準（2025 年版）」
各省庁、各自治体サイト
国立国会図書館
独立行政法人農畜産業振興機構
東邦大学
岐阜大学医学部附属病院栄養管理室
東京工科大学
城西スポーツ
ゼスプリインターナショナルジャパン株式会社
キユーピー株式会社
東京牧場株式会社
日本うま味調味料協会
日本紅茶協会
ギネスワールドレコーズジャパン株式会社
一般社団法人青森県りんご対策協議会
一般社団法人全国削節工業協会
公益財団法人世界緑茶協会

参考文献

『一生役立つきちんとわかる栄養学』（飯田薫子・寺本あい／西東社）

『からだにおいしい野菜の便利帳』（板木利隆／高橋書店）

『からだにおいしいフルーツの便利帳』（三輪正幸／高橋書店）

『腸を整えたければバナナを食べたほうがいいこれだけの理由 医師も実践している本気の腸活』（小林弘幸／アスコム）

『素材まるごと&使い切りアイディア術』（矢野きくの／笠倉出版社）

『女子栄養大学　栄養のなるほど実験室 調理によって栄養はどう変わるのか』（吉田企世子／女子栄養大学出版部）

野菜の健康機能（２）ネギ、玉ねぎの辛味成分～硫化アリル～（有井雅幸／東京デリカフーズ株式会社）

未利用資源「キャベツの芯」の成分とそのギョウザたねへの活用（工藤美奈子・小泉昌子・山本遼・倉田幸治・千代田路子・有泉雅弘・峯木眞知子）

四季の野菜の健康と栄養～抗酸化ビタミンが豊富なかぼちゃと消化促進効果のあるやまのいも～（鮫島由香・松井徳光／武庫川女子大学食物栄養科学部）

アスパラガスのルチンは春どり期に多く、外皮に局在し、穂先に多く含有している（福島県農業総合センター）

ショウガに含まれる抗菌性物質の活用（新垣エリカ・寒郡ちなみ・下村美文）

レンコンの節・部位ごとにおける栄養成分および抗酸化性評価（鶴田裕美・柘植圭介・吉村臣史・澤田和敬・永尾晃治・柳田晃良）

サツマイモの貯蔵にともなう品質変化―調理実習での使用に向けて―（谷津麻子・中西洋子・湯川夏子・梁川正）

下関医療センター「馬関医心」春号 vol.25 ／ 2020

食品廃棄部位の栄養学的有用性の検討（西川陽子・原田萌）

キュウリの「ヘタ」と「実」の切り口をこすりあわせることにより渋味を低減できる（野菜茶研・野菜・茶の食味食感・安全性研究チーム）

産学官連携における機能性食品開発（菅原卓也）

リンゴの部位別および成熟過程におけるポリフェノール成分とポリフェノールオキシダーゼ活性の変化（山王丸靖子・片山脩・樫村芳記・金子勝芳）

健やかな血管とともに健やかな老化を―生活習慣病は活性酸素病―（山門實）

ぶどう（巨峰）、すいか（公益財団法人食の新潟国際賞財団）

運動時のアンモニア代謝とパフォーマンスに関する研究：骨格筋アンモニアトランスポーターの関与（武田紘平）

卵殻を用いた食用油含有排水中の油分除去に関する検討（牛木龍二・恩田紘樹・塚本さゆり・鈴木崇・西村昇）

えびスープの成分および味に及ぼす頭胸部と殻の影響安部（阿部テル子・佐藤美由・工藤香織・山内愛津子・水江智子）

酸化ストレスによるDNAやタンパク質の損傷を介した老化促進機構（及川伸二・古川絢子・村田真理子・川西正祐）

国産紅茶の抽出条件の違いによるDPPHラジカル消去能とポリフェノール成分について（荒木裕子・山下郁美・渡邉悟）

捨てないレシピ 皮も種も、無駄なく使ってもう1品

2025年4月15日 初版発行

著者　小嶋絵美
イラスト　鳥居志帆

デザイン　井上新八
DTP　有限会社エヴリ・シンク

営業　市川聡
広報　岩田梨恵子
制作　成田夕子
編集　松永倫枝

発行者　鶴巻謙介
発行・発売　サンクチュアリ出版
〒113-0023 東京都文京区向丘 2-14-9
TEL 03-5834-2507　FAX 03-5834-2508
https://www.sanctuarybooks.jp/
info@sanctuarybooks.jp

印刷・製本　株式会社光邦